선생님, **돈**이
참 재밌어요

미국 초등학교 경제교과서
베스트 20종을 꼼꼼히 분석하여
가장 한국적인 어린이 경제교과서로 탄생한

돈과 숫자로 배우는 A⁺경제교과서!

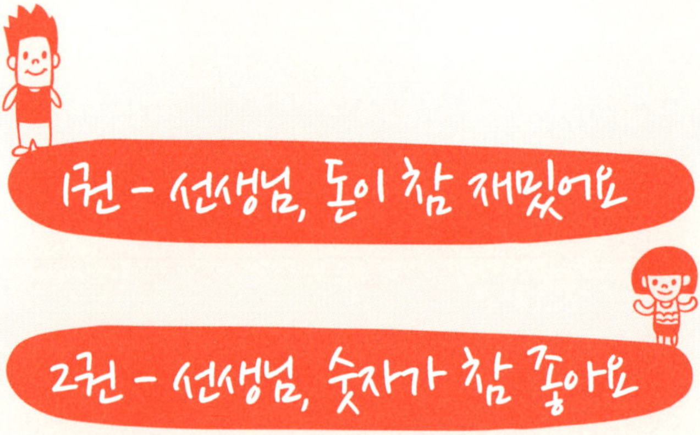

1권 - 선생님, 돈이 참 재밌어요

2권 - 선생님, 숫자가 참 좋아요

돈과 숫자로 배우는 'A⁺ 경제교과서 ①'

선생님, 돈이 참 재밌어요

• 이영직 지음 •

 머리말

돈과 숫자로 경제교육을 시켜라!

세계적인 명문가들은 자녀교육을 할 때 독서와 토론 그리고 조기 경제교육을 시킨다는 공통점이 있습니다. 어릴 때부터 인문 분야의 폭넓은 독서를 통해 올바른 인생관을 세우고, 자유로운 토론을 통해 상대방을 설득하는 능력을 기르도록 합니다.

무엇보다도 어릴 적부터 철저한 경제교육으로 자신만의 경제관념을 세울 수 있게 합니다. 그래서인지 미국 시사지 〈타임〉은 부자들의 자녀교육을 이렇게 표현했습니다.

"내 아이 부자로 살게 하려면 9살부터 경제교육을 시키고 23살에 독립시켜라!"

"120살까지 살 내 아이, 돈을 밝히는 아이가 아닌 돈과 숫자에

밝은 유대인 아이처럼 키워라!"

학교 시절 열등생에 가까웠던 처칠을 위대한 정치가로 키워낸 바탕에는 인문 분야의 폭넓은 독서가 있었고, 케네디를 미국 대통령으로 키운 바탕에는 철저한 토론교육이 있었습니다.

이 책에서 전달하고자 하는 메시지는 "인생에서의 부의 크기는 어릴 적부터 몸에 밴 습관에 의해 결정된다."는 것입니다. 결국 어릴 적부터 익힌 돈에 대한 태도와 돈과 숫자에 관한 교육이 아이를 부자로 만든다는 것이지요.

돈 속에 숫자가 들어 있고 숫자 속에 돈이 들어 있습니다. 세계 금융의 본거지인 월가에 경제학 박사보다 수학 박사가 더 많은 이유도 거기에 있습니다. 월가는 수학을 통해 다양한 수익 창출 방법과 위험 분산 기법을 개발했습니다. 주식, 채권, 외환, 금리를 토대로 한 파생상품에서 그치지 않고 다시 그 파생상품으로부터 2차 파생상품까지 만들고 있습니다. 수학을 모르면 '금융맹'이 되는 것이 월가의 현실입니다.

세계적으로 부자를 가장 많이 배출한 유대인은 자녀들에게 숫자와 함께 인맥과 정보를 가르치고, 화교들은 자녀들에게 신용을 가르친다고 합니다. 유대인들의 지혜서인《탈무드》와《구약성서》는 온통 숫자로 가득합니다. 그들은 어려서부터 숫자와 정보 속에서 살고 있는 것이지요.

이스라엘에서는 학교에서도 구구단을 가르치지 않습니다. 여기에는 구구단의 심오한 이치를 스스로 터득하게 하려는 그들의 배려가 담겨 있습니다.

'7이 3개면 21, 아하 그래서 7×3=21이구나!'

이렇게 아이가 스스로 깨달을 수 있게 가르칩니다.

유대인 출신의 세계적인 투자가인 워렌 버핏은 자녀에게 '돈에는 반드시 대가를 치러야 한다'는 것을 가르치기 위해서 용돈을 그냥 주지 않았습니다. 그리고 손녀에게는 함께 신문을 읽고 모의주식투자 놀이를 하면서 자연스럽게 경제에 눈을 뜰 수 있게 하였습니다.

아인슈타인이 수학 공식으로 사물을 보았듯이 부자로 성공한 사람들 또한 사물을 수치로 봅니다. 이것은 삶의 목표가 숫자로 명료하게 정의될수록 부자가 될 확률이 그만큼 높아진다는 의미입니다.

숫자에 눈을 뜨기 시작하는 초등학교 4학년 정도가 되면 숫자와 함께 경제의 의미를 가르쳐야 합니다.

미국을 비롯한 선진국들은 초등학교 4학년 정도가 되면 돈과 관련된 경제와 숫자교육이 필수과목으로 지정됩니다. 그만큼 어렸을 적의 경제교육을 중요하게 생각하는 것입니다. 그러나 우리나라는 이런 교육이 아직 전무한 상태입니다.

이 책에서는 자녀의 인생에 필요한 돈과 숫자의 개념을 집중적으로 다루고, 경제 전체의 흐름을 이해하기 위한 초보적이면서도 기본적인 경제이론을 쉽게 풀어서 담았습니다. 이 책이 엄마와 함께 읽는 교실 밖에서 배우는 경제교과서가 되어, 조기 경제교육의 기폭제가 되었으면 하는 바람입니다.

이영직

차례

머리말 돈과 숫자로 경제교육을 시켜라! 4

게임보다 재미있는 '돈 이야기'

서로가 이익이 되는 교환의 탄생 12 | 짜잔! 벼, 소금, 철 등의 물품화폐 등장 15 | 얍(Yap) 섬의 돌 돈 이야기 19 | 금이 곧 돈이다! 금본위제도 22 | 은행은 원래 물품보관소였다! 25 | 왜 화폐에는 인물을 사용할까? 29 | 정주영 회장과 500원권 지폐 속 거북선 32 | 우여곡절 많은 동전 이야기 35 | 폐기되는 돈의 운명 38 | 화폐수집가에게 인기 있는 돈은 따로 있다 42
TIPS • 쉿! 우리나라 화폐의 비밀 48

몰래 읽고 친구에게 자랑하는 '경제 이야기'

경제의 기본, 자유재와 경제재 54 | 아이스크림을 살 것이냐, 학용품을 살 것이냐? 57 | 시장을 움직이는 보이지 않는 손 60 | 인류는 10만 년 동안 무엇을 하며 살았을까? 63 | 수확체감은 노동력, 수확체증은 상상력 66 | 들쑥날쑥, 만족도가 달라져요! 69 | 성장이냐, 분배냐 이것이 고민이로다 72 | 선택의 문제, 기회비용과 매몰비용 75 | GNP, GDP, GNI의 차이는? 78 | 인프라와 사회간접자본 없이는 선진국이 될 수 없어요 82 | 기업경영은 종합예술학교? 85 | 르네상스를 만든 메디치 효과 88 | 세상에 우연은 없다, 나비 효과와 핀볼 효과 91 | 경제를 바라보는 현미경과 망원경 96 | 한 과목에서 전교 일등할까? 모든 과목에서 중간할까? 100 | 100조 달러가 겨우 달걀 3개 값? 103 | 영화관에서 파는 팝콘은 왜 비쌀까? 107 | 김치냉장고가 잘 팔리는 이유는? 110 | 때로는 소비도 미덕이다 113
TIPS • 쉿! 세계 여러 나라 화폐의 비밀 116

경제망원경으로 보는 '세계 경제 이야기'

국제교역은 왜 일어날까? 122 | 자원이 많아도 가난한 나라, 자원이 없어도 부유한 나라 127 | 환율이 ↓ 때는 해외여행, 환율이 ↑ 때는 국내여행! 131 | 학교 무료급식이 꼭 좋은 것일까? 135 | 잘 사는 나라는 길거리에 담배꽁초가 없어요! 138 | 맥도날드 햄버거 가격이 나라마다 다르다고? 143 | 코리언 스탠더드보다 힘센 글로벌 스탠더드 147 | 미래를 주도하는 알파라이징 산업 151

한눈에 읽는, 세계를 움직인 '경제학 이론들'

나만 배부르고 남은 배고파야 좋다, 중상주의 158 | 자연이 지배한다, 케네의 중농주의 161 | 보이지 않는 손, 애덤 스미스의 고전학파 164 | 자유주의에 대한 도전, 역사학파와 마르크스학파 168 | 다이아몬드보다 물이 귀할 수 있다, 한계효용학파 172 | 수학과 과학으로 경제에 접근하다, 로잔학파 175 | 냉철한 이성과 따뜻한 가슴으로, 캠브리지학파 178 | 보이지 않는 손을 넘어서, 케인스학파 181 | 다시 정부는 간섭하지 마라, 신자유주의 185

부자들만 아는 '부자 되는 이야기'

아라비아 부자 이야기 190 | 백만장자들의 습관 193 | 눈사람 법칙 197 | 타임지가 가르쳐주는 부자가 되는 비법 200 | 부자와 친구가 되자! 204 | 부자가 되려면 복리를 알아야 해요! 207 | 세계의 슈퍼 파워, 유대인 211 | 눈물 젖은 유대인의 수난사 214 | 유대인 교육의 핵심은 질문! 217 | 큰 승부를 위해서는 때를 기다려야 해요! 220

서로가 이익이 되는 교환의 탄생
짜잔! 벼, 소금, 철 등의 물품화폐 등장
얍(Yap) 섬의 돌 돈 이야기
금이 곧 돈이다! 금본위제도
은행은 원래 물품보관소였다!
왜 화폐에는 인물을 사용할까?
정주영 회장과 500원권 지폐 속 거북선
우여곡절 많은 동전 이야기
폐기되는 돈의 운명
화폐수집가에게 인기 있는 돈은 따로 있다
TIPS 쉿! 우리나라 화폐의 비밀

게임보다 재미있는 '돈 이야기'

서로가 이익이 되는 교환의 탄생

인류는 불과 함께 생활하면서 비로소 인간이 되었습니다. 불을 다루는 방법을 알게 되면서부터 맹수들을 물리칠 수 있었고, 추위를 이기고, 음식을 익혀 먹고, 청동기와 철기문화도 만들어갈 수 있었던 것이죠. 또 인류는 수레바퀴를 발명함으로써 현대문명을 향한 첫발을 떼었습니다. 수레는 고대국가의 거대한 건설사업을 가능하게 했으며 피라미드를 건설할 수 있는 원동력이 되었습니다.

 이보다 좀 더 중요한 것은 화폐의 발명이었습니다.

인간과 동물의 가장 큰 차이는 교환이 있는가, 없는가에 있습니다. 동물은 자신에게 필요한 모든 것을 약탈로 얻습니다. 원시 인류도 처음엔 그랬을 겁니다. 그러나 약탈은 또 다른 약탈을 부르게 됩니다. 아마도 원시사회는 거대한 싸움의 장이었을 것입니다.

이런 점에서 화폐, 나아가 교환의 탄생은 위대합니다. 교환이 생기면서 인류는 약육강식의 사회에서 벗어나 서로에게 도움이 되는 상생의 길로 접어들었고, 생활수준이 획기적으로 향상되었습니다.

화폐가 없었을 시절 육지에 사는 부족들에게는 바다에서 나는 소금이 필요했고, 바닷가에 사는 부족들에게는 짐승의 털가죽과 곡물이 필요했을 것입니다. 이것을 평화적으로 교환함으로써 인류는 물질적인 풍요를 누릴 수 있었습니다.

자급자족의 사회, 교환이 없는 사회를 상상해볼까요?

자급자족의 사회에서는 모든 것을 혼자 해결해야 합니다. 혼자서 움막집도 짓고, 먹을 것도 해결하고, 옷감도 만들어야 하죠. 이것이 곧 원시사회입니다.

교환이 생기고 난 후 인류는 전문화의 길을 걷게 되었습니다. 사냥솜씨가 좋은 사람은 사냥에 전념하고, 부지런하고 성실한 사람은 농사를 지어 서로의 결과물을 교환했습니다. 인류의 발

> **클로드 레비스트로스**
>
> [Claude Levi Strauss, 1908~2009] 프랑스의 인류학자입니다. 레비스트로스는 인간의 사회와 문화를 연구하여 문화상대주의를 발전시켰습니다. 그의 책 《슬픈열대》에서 그는 다른 문화는 있지만 우월하거나 열등한 문화는 있을 수 없다고 말하며 인종주의와 서구 중심주의를 깨는 데 크게 기여했습니다.

전은 분업과 분업의 결과로 얻어진 전 문화를 통해서 이루어졌다고 볼 수 있습니다.

또한 교환은 수평사회의 초석이 되었습니다. 약탈경제가 강자와 약자로 구분되는 수직사회라면, 교환경제는 강자와 약자의 구분이 없는 평등사회였습니다. 교환경제에서는 내가 가진 것을 옆 사람과 나누고 내가 필요한 것을 옆 사람으로부터 얻는 것이 경제문제의 핵심입니다.

혼인제도를 위대한 교환으로 보는 학자도 있습니다. 원시 사회에는 다양한 혼인 방식이 있었습니다. 그 중에는 나의 누이동생을 이웃 부족의 아내로 주는 대신 이웃 부족의 누이동생을 나의 아내로 맞는 방식이 있었습니다. 이러한 교환 방식의 혼인제도로 이웃 부족과 평화의 관계를 수립하고 사람과 물자의 교류는 더욱 확대되었습니다. 인류학자 레비스트로스는 이러한 혼인제도가 인류를 원시상태에서 구해냈다고 주장하기도 했습니다.

짜잔!
벼, 소금, 철 등의 물품화폐 등장

원시적인 형태의 교환은 서로가 필요한 물건을 1 대 1로 맞바꾸는 교환이었습니다. 가축을 주고 곡물로 바꾸거나 곡물을 주고 해산물이나 소금으로 바꾸는 방식이었죠. 이것을 물물교환이라고 부릅니다.

  물물교환은 당사자 간의 이해관계가 맞아 떨어져야만 교환이 가능했습니다. 가축을 가진 사람은 곡물을 원하는데 곡물을 가진 사람이 옷감이나 소금을 원한다면 거래가 이루어질 수 없겠죠? 그래서 거래는 극히 제한적으로 이루어졌습니다.

시간이 흘러 좀 더 편리한 물품화폐가 등장했습니다. 물품화폐란 사용가치와 교환가치를 동시에 갖는 물건을 뜻합니다. 벼, 소금, 조개, 물고기, 철, 채소, 가축, 돌화살촉, 청동화살촉, 돌도끼, 돌칼 등. 모든 사람이 필요로 하는 물건은 무엇이든 물품화폐가 될 수 있었습니다. 특히 곡물은 당시에 누구에게나 필요한 것이어서 곡물만 있으면 필요한 거의 모든 것을 구입할 수 있었습니다.

그러나 물품화폐는 휴대가 불편하다는 단점이 있었습니다. 그래서 모든 사람이 가치를 인정하면서도 휴대가 간편한 물건들

이 물품화폐의 중심으로 등장했습니다. 그것이 바로 조가비, 소금 등이었습니다.

그 중에서도 조가비는 가장 널리 사용된 물품화폐였습니다. 조가비는 일반 조개껍데기와는 달리 색상과 문양이 아름다워 고대 중국, 태국, 인도, 아메리카 등 여러 곳에서 사용한 흔적이 발견되고 있습니다.

소금이 귀했던 고대 에티오피아에서는 소금 덩이를 화폐로 사용했습니다. 고래 이빨이나 새의 깃털을 화폐로 사용하는 곳도 있었어요. 차茶를 귀하게 여겼던 티베트인들은 찻잎을 말려 벽돌처럼 만든 다음에 이것을 화폐로 사용하기도 했습니다. 멕시코에서는 카카오 열매를 사용하는가 하면 동남아 지역에서는 코끼리를 돈으로 사용하기도 했습니다.

수단에서는 양파를 화폐로 사용했는데, 때로는 구슬이 사용되기도 했습니다. 솔로몬 군도에서는 아름다운 새의 깃털이 화폐로 사용되었습니다. 그 밖의 신전에 바치는 가축이나 귀한 물건, 향료 등도 화폐의 구실을 했습니다. 이러한 화폐를 축복화폐라고 부릅니다.

물품화폐가 사용가치와 교환가치를 동시에 가지는 것에 비해 지금 우리가 사용하고 있는 지폐는 교환가치는 있지만 사용가치가 없습니다. 이러한 화폐를 명목화폐라고 부릅니다. 명목화폐

> **공신력** [公信力]
> 공신력이란 사회적으로 널리 신용을 받을 수 있는 능력을 말합니다.

란 말 그대로 이름뿐인 화폐라는 의미에요. 명목화폐는 오직 정부의 공신력에 의해 그 가치가 인정되고 있을 뿐 정부의 신뢰가 사라지면 한낱 종잇조각에 불과합니다.

얍Yap 섬의 돌 돈 이야기

남태평양에 마이크로네시아 군도에는 얍Yap이라는 섬이 있습니다. 얍 섬은 이전에 독일의 식민지였다가 지금은 미국의 보호령이 되어 있는 곳이에요. 그런데 그 섬에는 지금도 돌이 물품화폐로 통용되고 있다고 합니다.

몇 년 전 그 섬의 추장이 미국을 방문했을 때, 그는 구멍이 뚫린 커다란 돌덩이를 미국 대통령에게 선물해서 화제가 되었습니다. 화제가 된 그 돌은 얍 섬 주민들에게는 가장 소중한 돈이었어요. 추장으로서는 최대한의 호의를 베푼 것이지요.

이 섬에서는 금속이 나지 않는다고 합니다. 그래서 사람들은 돌을 깎아 화폐로 사용했는데 그 전통이 지금까지 전해진 것이죠. 우리나라의 맷돌을 떠올리면 쉽게 상상이 될 거에요. 돌 돈은 지름이 20cm인 것에서부터 큰 것은 지름이 4m까지 되는 것도 있는데 크기가 클수록 가치가 높다고 합니다.

그렇게 귀한 돌 돈이지만 이들은 그 돌을 집 밖이나 길거리에 내버려 둔다고 합니다. 무게 때문이기도 하겠지만 섬사람들이 서로를 굳게 믿기 때문에 아무런 문제가 없다고 하네요.

그렇다면 이들은 어떤 방식으로 거래를 할까요?

이들은 남의 집 황소가 필요하면 그 집의 황소를 가져가면서 지금부터 어디에 있는 나의 돌은 '너의 것'이라고 말합니다. 이렇게 하면 거래가 끝납니다. 굳이 무거운 돌을 장롱 속에 보관할 필요가 없는 것이죠.

그런데 재미있는 점은 이 섬에서 가장 부유한 사람에게는 돌 돈이 하나도 없다는 것입니다. 그 이유는 이렇습니다.

그 부자의 조상은 산에서 엄청나게 큰 돌을 캐내어 배에 싣고 돌아오던 중에 풍랑을 만나 돌을 바다에 빠뜨렸습니다. 그러나 많은 사람이 그 돌을 목격했고, 그 사실을 증언하고 있어 그는 최고의 부자로 살고 있다는 것입니다. 그의 전 재산은 바닷속에 있는 셈이지요.

얍 섬의 돌 돈을 페이fei라고 부릅니다. 이것은 얍 섬에서만 통용되는 일종의 지역화폐local currency입니다. 그 지역을 벗어나면 화폐의 가치를 잃는 것이죠.

> **국영상점** [國營商店]
> 국영상점이란 나라에서 경영하는 상점을 말합니다.

아이들 세계에서의 딱지나 구슬도 일종의 물품화폐이며 지역화폐라고 할 수 있습니다.

구소련이 붕괴되기 전 소련에서는 미국산 담배인 말보로와 청바지가 가장 인기 있는 물품화폐였습니다. 당시 경제상태가 심각했던 소련에서는 루불화의 가치가 떨어져 국영상점에서조차도 자국 화폐인 루불화를 달가워하지 않았다고 합니다.

대신 달러나 엔화 등 외국 화폐를 가장 선호했고, 다음으로는 물품화폐인 말보로나 청바지를 좋아했다고 하네요. 국영상점은 물론 택시를 탈 때나 호텔에 투숙할 때도 담배와 청바지면 OK였습니다. 그리고 제2차 세계대전 중 포로수용소에서 가장 인기 있던 물품화폐 역시 담배였다고 합니다.

금이 곧 돈이다!
금본위제도

물품화폐를 대신하여 등장한 것이 금속화폐였습니다. 그 중에서도 대표적인 것이 금입니다. 이렇듯 금 자체가 화폐인 제도를 금화본위제도gold coin standard라고 부릅니다. 그러나 금화는 무게도 무겁고 항상 도난의 위험이 뒤따랐습니다.

이를 해소하기 위해 도입된 제도가 바로 금지금본위제gold bullion standard였습니다. 금지금이란 금괴나 골드바 등 원재료 상태로 순도가 99.5% 이상인 금을 말합니다.

금지금본위제도 아래에서는 중앙은행이 금을 보관하는 대신에 보관하고 있는 금의 무게만큼 지폐를 발행하여 유통시켰습니다. 금지금본위제도에서 지폐는 금의 보관증이었기 때문에 지폐를 은행에 가지고 가면 언제든지 금으로 바꿀 수 있었습니다.

> **인플레이션** [Inflation]
> 나라 안에서 쓰고 있는 돈의 양이 팽창하여 화폐 가치가 떨어지고 물가가 계속적으로 올라 일반 대중의 실질적인 소득이 감소하는 현상을 말합니다.

이렇게 금으로 바꾸어주는 제도를 금태환제도라고 부릅니다. 태환兌換이란 교환해준다는 의미인데요, 실제로 국제 간의 거래에서는 중앙은행이 보관하고 있는 금을 실물로 지급했습니다. 금본위제도는 1816년 영국에서 채택한 후 제1차 세계대전까지 안정적으로 실시되었습니다.

이 제도가 성공할 수 있었던 이유는 금본위제도를 채택한 영국이 당시의 경제대국이었고 미국과 서아프리카 등지에서 대규모 금광이 발견되어 충분한 금을 확보할 수 있었기 때문입니다.

그러나 제1차 세계대전이 일어나자 각국은 전쟁비용을 조달하기 위해 금의 태환을 중지하고 보관 중인 금보다도 많은 지폐를 발행했습니다. 이러한 지폐 발행의 남발로 점차 각국은 금본위제도에서 벗어나게 되었습니다.

전쟁 후 극심한 인플레이션이 발생하자 미국, 영국 등은 잠시 금본위제도로 돌아갔으나, 1930년대 미국의 대공황을 맞으면서 금본위제도는 다시 허물어지고 말았습니다.

> **IMF** [International Monetary Fund]
> 1947년 3월에 설립한 국제 연합 전문 기관의 하나입니다. IMF는 브레턴 우즈 협정에 따라 가맹국의 출자로 공동의 기금을 만들어, 각국이 이용하도록 합니다. 이로써 IMF는 외화자금의 조달을 원활히 하고, 나아가서는 세계 각국이 경제적인 번영을 이루도록 돕습니다.

이제 금본위제도를 실시하고 있는 나라는 단 한 곳도 없습니다. 현재 모든 나라의 화폐는 금으로 바꾸어주지 않는 불태환지폐입니다. 오직 정부의 공신력으로 유통되는 종이일 뿐이지요.

미국의 대공황 이후 금본위제도를 버리자 세계 각국은 경쟁적으로 자국 화폐의 평가절하에 나섰습니다. 금과 연계시키지 않고도 지폐를 무제한적으로 발행할 수 있었기 때문입니다.

그러자 외환시장에는 극도의 혼란이 일어났습니다. 이 혼란을 수습하기 위해 각국의 대표들이 미국의 브레턴 우즈에 모였습니다. 여기서 각국 대표들은 금 대신에 미국의 달러를 기준으로 각국 화폐의 가치를 정하기로 합의했습니다.

즉 미국의 달러는 금과 일정한 교환비율을 유지하고 다른 나라의 화폐는 달러와 일정비율을 유지함으로써 환율을 안정시키려는 조치였습니다. 이것을 브레턴 우즈 체제라고 부르는데 이 체제를 유지하고 감독하기 위해 설립된 것이 국제통화기금으로 알려진 **IMF**입니다.

은행은 원래 물품 보관소였다!

은행의 기원은 물품 보관업에서 시작되었습니다. 고대 바빌로니아에서는 곡물이나 귀중한 물건을 사원에 보관했습니다. 사원은 사람들이 함부로 드나들 수 없는 안전한 장소였기 때문입니다.

　사원에서는 물건을 맡긴 사람에게 증서를 써주었고, 증표를 가진 사람은 언제든 그 물건을 찾을 수가 있었습니다. 점차 사원에는 곡물과 귀한 물건들이 쌓이기 시작했습니다. 그러자 사원에서는 보관 중인 곡물을 필요한 사람에게 빌려주고 이자를

　받기도 했습니다. 이것이 바로 원시적인 형태의 은행입니다. 고대 중국에서는 부자들이 이 역할을 했습니다. 부자가 발행하는 물품 보관증은 준화폐의 기능을 할 수 있었죠.

　금, 은 등의 귀금속이 물품화폐로 등장하자 이번에는 금 세공업자가 물품 보관업을 하게 되었습니다. 큰 덩어리의 금으로 소액 거래를 하기에는 불편했기 때문이죠. 금덩이를 가진 사람들은 이것을 금 세공업자에게 맡기고 받은 보관증으로 신용거래를 할 수가 있었습니다.

> **은행의 신용창조**
> 은행의 신용창조란 은행이 예금을 받아서 그 자금으로 대출을 하는 것을 말합니다.

한편 금 세공업자는 금을 맡긴 사람들이 한꺼번에 금을 찾아가지 않는다는 사실을 깨달았습니다. 그래서 그는 보관량보다 많은 보관증을 발행하게 되었습니다. 이때 생겨난 것이 은행의 신용창조 기능이었습니다.

은행의 환전 업무는 중세 유럽에서 시작되었습니다. 15세기 프랑스 남부 리옹 지방에서는 국제시장이 열리고 있었습니다. 이곳에는 각국의 귀한 물건들이 교환되고 있었죠. 각국에서 온 상인들은 자국의 특산물을 이곳으로 가지고 와서 팔고 다른 나라의 특산물을 구입하여 돌아가서는 큰 이윤을 남겼습니다.

하지만 이들에게는 환전의 어려움이 있었습니다. A국의 상인이 자국의 특산물을 국제시장에 가지고 나왔다고 생각해봅시다. 이 상인은 A국의 특산물을 B국의 상인에게 팔고 다시 C국의 특산물을 구입하고 싶습니다. 하지만 나라마다 화폐의 단위가 다르기 때문에 이것을 자국 화폐로 환산하고 거래하는 일은 여간 불편한 게 아니었죠.

이것을 해결해주는 사람이 있었으니, 그는 바로 환전상이었습니다. 환전상은 시장 한 모퉁이에 기다란 책상을 펴놓고 의자에 앉아 원하는 나라의 화폐로 바꾸어주고 수수료를 받았습니다. 이것이 현대적인 은행의 기원이 되었습니다.

　이 일을 처음 시작한 사람은 이탈리아 출신의 메디치였습니다. 은행을 의미하는 영어 'bank'는 의자를 의미하는 이탈리아어인 'banca방카'에서 비롯된 것인데요, 바로 의자에 앉아 돈을 바꾸어주던 메디치를 가리키는 말이었습니다.

　메디치가는 이것으로 엄청나게 많은 돈을 벌었고 그 돈으로 예술가들을 후원하여 찬란한 르네상스를 꽃피운 이탈리아 피렌체의 명문 가문이 되었습니다. 메디치 가문의 영광은 300년 동안 지속되었습니다.

왜 화폐에는
인물을 사용할까?

우리나라 화폐에는 세종대왕을 비롯하여 신사임당, 이퇴계, 이율곡 등의 인물이 그려져 있습니다. 그리고 미국 달러에는 초대 대통령인 조지 워싱턴, 벤저민 프랭클린, 링컨 등의 초상화가 들어가 있습니다. 이처럼 각국의 화폐는 역사적인 인물들을 많이 담고 있습니다.

물론 역사적인 인물에 대한 국민의 존경심을 나타내기 위한 것도 있지만, 화폐에 인물이 들어가는 가장 중요한 이유는 위조를 방지하기 위해서입니다. 풍경화와 같은 그림은 조금 달라도 거의 눈치를 채지 못하지만 인물화의 경우에는 미세한 부분이 하나만 잘못되어도 느낌에서 많은 차이가 난다고 합니다. 초상화에 수염이 들어가는 것도 마찬가지 이유에서입니다. 수염은 똑같이 그리기가 어렵기 때문이죠.

우리나라 화폐의 최고 모델은 세종대왕입니다. 세종대왕은 현재 1만 원권의 모델인데요, 사실 1만 원권의 원래 모델은 따로 있었다고 합니다. 그 주인공은 바로 불국사와 석굴암입니다. 그러나 불교적인 색채가 짙다는 일부 종교단체의 반대에 부딪히면서 모델은 가치중립적인 세종대왕으로 바뀌게 되었습니다.

독재국가나 왕국에서는 역사적인 인물이 아닌 생존 인물이 들어가는 경우도 있습니다. 중국 화폐에는 마오쩌둥이, 북한 화폐에는 김일성이 생존 당시의 화폐에 들어갔죠. 우리나라의 화폐에도 초대 대통령 이승만의 초상이 들어간 적이 있습니다.

5만 원권을 발행할 당시 한국은행은 누구를 모델로 할까 하는 문제로 많은 고민을 했습니다. 우선 기존의 인물들이 모두 조선시대 인물이라 단군이나 광개토대왕 같은 고대 인물이나 김구, 안중근 같은 근대 인물도 넣어달라는 요구가 많았습니다.

다음으로는 각 종친회와 여성계, 종교단체들의 눈치를 보지 않을 수 없었습니다. 자신들의 조상이 화폐에 등장한다는 것은 가문의 영광이기 때문에 각 종친회에서는 적지 않은 압력을 행

〈5만 원권〉

사했습니다. 여성계에서는 남성에만 치우친 현재 지폐 속 인물에 대해 신사임당, 유관순, 허난설헌 등의 여성 인물을 넣어 달라는 요구가 거셌습니다.

종교적인 중립 또한 신경 쓰지 않을 수 없었습니다. 특정 종교의 색채가 짙은 인물이 들어가면 당장 다른 종교단체의 반발에 직면하게 되는 것이 화폐 인물입니다. 불국사와 다보탑의 경우만 봐도 그렇습니다. 예를 들어 화폐에 단군을 넣으려고 하면 개신교 등에서 이의를 제기할 것이 뻔하기 때문이죠.

오랜 고민 끝에 최종적으로 선정한 모델이 신사임당이었습니다. 신사임당과 이율곡은 모자가 함께 화폐의 모델이 되는 최초의 기록을 세우기도 했습니다. 우리나라 화폐의 인물들은 오른쪽으로 치우쳐 있는데요, 인물이 중앙에 있으면 지폐를 접을 때 인물 사진이 훼손되기 때문이라고 합니다.

정주영 회장과
500원권 지폐 속 거북선

정주영 회장이 현대조선(지금의 현대중공업)을 지을 때의 이야기입니다. 조선소를 지을 돈이 없었던 정주영 회장은 돈을 빌리기 위해 우리나라 $\frac{1}{50000}$ 지도 한 장을 들고 영국 버클레이 은행을 찾아갔습니다.

 버클레이 은행의 중역을 만난 정주영 회장은 $\frac{1}{50000}$ 지도에서 울산 앞바다를 손으로 가리키면서 여기에다 25만 톤급 배를 만들 조선소를 지을 생각이니 돈을 좀 빌려달라고 말했습니다. 그리고 빌린 돈은 배를 만들어 팔면 그때 갚겠다고 제안했습니다.

정주영 회장의 황당한 제안에 버클레이 은행의 중역은 한국에서 25만 톤급 배를 보기나 했냐고 되물었습니다. 당시만 해도 영국은 세계 최강 해양대국이었습니다.

순간 정주영 회장의 이마에서는 진땀이 흘렀습니다. 당시 우리나라의 조선건조 능력은 10만 3백 톤, 건조실적은 1만 7천 톤이 고작이었습니다. 겨우 통통배를 만들던 실력이었죠.

정주영 회장은 주머니에 든 500원짜리 지폐를 생각해냈습니다. 거기에는 거북선이 그려져 있었습니다. 정주영 회장은 500원 지폐를 꺼내 탁자에 올려놓으면서 거북선을 가리켰습니다.

"우리는 이미 16세기에 이런 철갑선을 만들었소. 강선을 만드는 기술에 있어서 당신네 나라(영국)보다 300년이나 앞섰다는 역사적인 증거요."

그러자 버클레이 은행 중역의 태도가 달라졌습니다. 그는 거북선을 찬찬히 살피더니 정 회장의 제안을 진지하게 검토하기

〈거북선이 그려진 500원권〉

시작했습니다. 그리고 정주영 회장에게 다시 물었습니다.

"조선소를 지었다 칩시다. 경험도 기술도 없는 당신네 조선소에 누가 배를 주문하겠습니까?"

이 말을 들은 정주영 회장이 말했습니다.

"배를 수주해오면 조선소를 만들 돈을 빌려주시겠습니까?"

그러자 은행 중역은 그렇게 하겠다고 대답했습니다. 정주영은 곧바로 그리스로 날아가 그리스 선박회사의 선주를 설득하여 배를 구입하겠다는 보증을 받아 냈습니다. 그는 그렇게 하여 얻은 돈으로 조선소를 지으면서 다른 한편으로는 26만 톤급 유조선 2척을 동시에 건조했습니다. 이것은 세계 조선 역사상 전무후무한 기록이었습니다. 500원짜리 지폐에 그려진 거북선, 좀 더 나아가서는 이순신 장군 덕분에 오늘의 현대중공업이 탄생할 수 있었던 것입니다.

오늘날 현대중공업은 세계 1위의 조선소가 되었습니다. 우리나라의 조선 수출액은 432억 달러 2009년 기준로 반도체와 나란히 우리나라 최고의 수출 품목으로 자리를 잡았습니다.

우여곡절 많은 동전 이야기

10원짜리 동전은 구리 88%, 아연 12%로 만들어집니다. 그런데 구리와 아연의 원자재 가격이 오르면서 10원짜리 동전 하나의 제작에는 재료비만 14원이 들어갑니다. 제조비용까지 합치면 원가는 38원이나 들어갑니다. 배보다 배꼽이 훨씬 더 커진 것이죠. 참고로 10만 원권 수표의 원가는 28원입니다.

 1960년대에는 10원으로 성냥을 살 수 있었고, 1970년대에는 라면을 살 수 있었습니다. 1980년대에는 공중전화를 걸 수 있었죠. 그런데 이제 10원은 실생활에서는 거의 쓸모가 없어졌습니다. 하지만 만들지 않을 수는 없습니다. 세금, 공과금을 낼 때는 10원 단위가 꼭 필요하기 때문이죠.

2010년 10월 구리 값이 오르자 10원짜리 동전을 녹여서 구리로 판 일당이 경찰에 잡혔습니다. 이들은 10원짜리 동전 5천만 개를 녹여 10kg당 6만 원씩에 팔았습니다. 10원짜리 동전 5천만 개의 금액은 5억, 이를 녹여서 판 금액은 12억으로 이들은 7억 원의 돈을 챙겼습니다. 동전의 액면 가격보다 재료 값이 더 비싼 점을 이용한 것이죠. 이렇듯 동전의 재료 가격이 액면 가격을 넘어서는 점을 멜팅 포인트 Melting point 라고 부릅니다.

10원짜리 동전은 말도 많았습니다. 1970년대에 나온 동전에 금이 섞여 있다는 소문이 돌면서 동전이 사라지는 사태가 일어나기도 했죠. 원가 절감을 위해 구리의 함유량을 줄이고 아연의 비율을 높이자 동전이 금색을 띠었기 때문입니다.

1980년대에는 정치적, 종교적인 논란에 휩싸이기도 했습니다. 10원짜리 동전의 다보탑을 좀 더 원형에 가깝게 하려고 돌 사자상을 추가했는데, 이것이 문제가 된 것입니다. 사자상의 모습이 불상의 모습과 비슷해서 당시 불교신자였던 노태우 대통령 후보의 당선을 위해 불상을 넣었다는 소문이 돌았던 것입니다.

500원짜리 동전도 조용하지만은 않았습니다. 우리나라의 500원짜리 동전과 일본의 500엔짜리 동전의 재질과 무게가 비슷하여 혼란을 일으킨 것입니다. 당시 우리나라의 500원짜리 동전을 일본 자판기에 넣으면 일본 돈 500엔으로 사용이 가능했다고 합니다. 500원짜리 동전으로 독일에서 한국으로 공중전화를 걸 수도 있었다고 하네요.

  그러자 일본의 NHK 방송이 한국이 악의적으로 일본의 동전을 모방했다고 이의를 제기했습니다. 확인 결과 한국이 500원짜리 동전을 만든 것은 1981년 1월, 일본이 500엔 동전을 만든 것은 같은 해 6월로 밝혀졌습니다. 이러한 소동은 결국 일본이 동전을 바꾸는 것으로 해결되었습니다.

  동전의 가장자리는 톱니처럼 되어 있습니다. 이것의 기원은 금화나 은화에서 비롯되있습니다. 금화나 은화의 재질이 귀금속이다 보니 동전을 갉아내는 사람들이 생겨났어요. 이를 막기 위해 동전의 가장자리를 톱니 모양으로 만든 것입니다.

폐기되는 돈의 운명

'돈'이란 말은 어디에서 유래된 것일까요? 여기에는 엽전을 화폐로 사용하던 시기에 엽전 열 닢을 한 돈이라는 단위로 부른 데서 유래되었다는 설과 귀금속의 무게를 재는 단위인 '돈쭝'에서 비롯되었다는 설이 있습니다. 또 돌고 돈다고 하여 '돈'이 되었다는 설도 있는데요, 이 학설은 그럴싸해 보이기는 하지만 돈의 어원이라 하기는 그 근거가 빈약해 보입니다.

우리나라 돈의 재질은 펄프입니다. 펄프는 섬유공장에서 쓰고 버리는 솜 찌꺼기입니다. 이것을 물에 불려 세척과정을 거친 후

종이로 만들고, 위조방지를 위한 숨은 그림을 넣습니다. 그런 다음 인쇄 작업을 하고, 마지막으로 한국은행 총재의 도장을 찍으면 우리가 사용하는 돈이 됩니다.

이렇게 세상에 나온 돈은 시장 바닥과 음식점, 극장가를 넘나들면서 손에서 손으로 옮겨 다니고, 닳게 됩니다. 지폐를 지갑에 넣고 다니는 서양 사람들과 달리 주머니를 선호하는 한국 사람들의 습관 때문에 우리나라 돈은 더 쉽게 닳는다고 합니다. 그래서 우리나라 돈의 수명은 다른 나라의 돈보다 훨씬 더 짧습니다. 1,000원권의 수명은 대략 13개월, 5천 원권은 19개월, 1만 원권은 39개월 정도라고 합니다.

더러워졌거나 찢어진 지폐는 한국은행 본섬이나 전국 지역본부에 있는 자동 정사기를 통해 사용을 더 할지 폐기할지 결정됩니다. 그리고 폐기처분 결정이 내려진 지폐는 대형 분쇄기에서 폐기됩니다.

한 해 폐기되는 돈은 얼마나 될까요?

2009년의 경우 5억 900만 장, 금액으로 1조 7,171억 원어치가 폐기되었습니다. 5톤 트럭 수백 대 분량이죠.

그럼 폐기된 돈은 어떻게 할까요?

놀랍게도 자동차 부품이나 건축자재로 재활용된다고 합니다. 우리나라 지폐의 소재는 종이가 아니라 면 펄프이기 때문에 건

축자재 중 바닥재로 활용이 가능하다고 하네요.

우리나라에 유통되는 동전은 1백억 개가 넘습니다. 국민 1인당 230개를 가지고 있다고 볼 수 있는데, 그 동전들이 책상 서랍이나 돼지 저금통에서 잠자고 있어서 다시 많은 돈을 들여 돈을 만들어야 합니다.

딱딱한 동전에도 수명이 있을까요?

네, 찌그러지거나 구멍이 뚫리거나 훼손된 동전은 폐기됩니다. 폐기되는 동전은 새로운 동전의 재료로 사용되기도 하고 산업자재로 팔려 나가기도 합니다.

우리나라에는 150원짜리 동전이 있습니다. 이 사실을 아는 사람이 거의 없어 진귀한 동전이죠. 150원짜리 동전은 화폐 제조창에서만 통용되는 특수한 돈입니다. 그곳은 화폐를 만드는 곳이기에 삼엄한 보안 시스템이 운영되고 있죠. 여기에는 시중에 통용되는 돈은 가지고 들어갈 수가 없습니다. 그래서 내부에서만 사용 가능한 150원짜리 동전이 사용되는 것입니다. 군부대 매점에서 통용되는 군표(軍票) 같은 걸로 생각하면 됩니다. 구내매점이나 음료수 자판기 용도의 돈인 셈입니다.

화폐수집가에게
인기 있는 돈은
따로 있다

화폐수집은 취미생활이자 연구활동이며 경우에 따라서는 돈벌이 수단이 될 수도 있습니다. 옛날 돈 중에는 그 가치가 억대에 이르는 귀한 것도 있습니다. 하지만 화폐수집을 시작할 때는 순수한 취미로 출발하는 것이 좋습니다. 돈벌이 수단으로만 생각하다가는 화폐수집의 즐거움을 놓치게 되기 때문이죠. 세계 각국의 화폐를 주제별로 분류해놓고 보면 세계 역사를 한눈에 볼 수도 있답니다.

　화폐수집을 할 때는 우선 옛날 돈이 수집의 대상이 됩니다. 고古화폐라고 하면 가격이 아주 비쌀 것 같지만 꼭 그렇지는 않습니다. 고화폐라고 모두 가치가 있는 것은 아닙니다. 고화폐는 희소성과 보존상태가 양호한 것이어야 가치가 있습니다. 보존상태보다는 희소성이 좀 더 중요한 기준이 되는데요, 바로 수요와 공급의 원리 때문입니다.

  화폐수집으로 큰돈을 번 사람도 있습니다. 독일 프랑크푸르트 출신의 유대인인 로스차일드는 어렸을 적 은행에 심부름을 갔다가 우연히 동전수집이 취미인 빌헬름 공작을 만났습니다. 귀한 동전이 돈이 된다는 사실을 깨달은 소년은 귀한 옛날 동전들을 수집하여 빌헬름과 여러 귀족들에게 비싼 가격에 팔았습니다. 오늘날 로스차일드 금융제국의 기초를 쌓은 것이지요.

  고려시대의 화폐인 선원중보는 1983년에 250만 원에 거래되

〈건원중보〉

었는데 지금은 1억 원을 훨씬 넘는다고 합니다. 한국 최초의 화폐이기 때문이죠. 이에 비해 같은 고려시대의 돈이라도 물량이 비교적 많은 동국중보와 해동통보는 1~2백만 원에 거래되며, 조선시대의 돈은 몇십만 원에 거래된다고 합니다.

우리나라에서는 1962년 5월 16일에 엄마와 아들이 저금통을 들고 있는 모습의 지폐가 발행된 적이 있습니다. 현재 사용되는 5만 원권의 신사임당보다도 앞선 우리나라 최초의 여성 모델이었던 셈이죠. 하지만 이 돈은 화폐개혁이 단행되는 바람에 단 25일밖에 유통되지 않았습니다. 유통량이 적어 희귀한 데다가 역사상 처음으로 여성 모델이 등장했다는 점에서 가치가 무척 높다고 합니다.

그 화폐의 모델은 당시 조폐공사에 다니던 직원의 부인으로 서울에서 음식점을 하고 있었다고 합니다. 그 소문이 알려지자 그 음식점은 연일 만원사례, 발 디딜 틈이 없었다고 하네요.

금화나 은화는 그 자체가 가치를 가지고 있지만 지폐는 그렇지 못합니다. 따라서 잘못 만들어진 돈은 휴짓조각에 불과해야 하죠. 하지만 실제로는 잘못 만들어진 돈의 가치가 시중에 유통되는 돈의 가치보다 더 높습니다. 바로 희귀성 때문이죠.

잘못 만들어진 돈을 에러화폐Error note라고 부르는데 이러한 에러 발생률은 아주 낮습니다. 지폐를 발행할 때는 3번 정도 인쇄와 위조방지를 위한 각종 장치를 합니다. 그리고 재단을 하죠. 에러는 주로 이 과정에서 발생한다고 합니다.

　에러는 보통 1백만 장을 찍을 때 2장 정도 발생한다고 하는데, 우리나라 화폐의 에러 발생률은 그보다 훨씬 더 낮다고 하네요. 에러 발생률이 낮기 때문에 수집가들 사이에서는 그만큼 더욱 인기가 있는 것이죠. 세상에서 불량품이 더 인기가 있는 것은 돈밖에 없을 듯합니다.

　이런 에러지폐가 발견되면 통화당국과 수집가들 사이에 한바탕 전쟁이 벌어집니다. 이를 빨리 회수하려는 당국과 수집하려는 애호가들 사이의 숨바꼭질이 시작되는 것이죠.

　미국에서는 20날러 시폐에 앤드류 잭슨 대통령의 사진이 들어갔는데 초상화 옆에 오렌지 주스 상표인 델몬트의 스티커가 잘못 새겨지는 바람에 불량품이 되었습니다. 그 20달러는 경매를 통해 2만 5,300달러_{우리나라 돈 3,000만 원}에 팔렸습니다. 원래 가치의 1,000배가 넘는 가격에 팔린 것이죠.

　잘못 만들어진 돈이 아니어도 희귀성만 있으면 돈의 가치는 올라갑니다. 해방 당시만 해도 우리나라는 자체적으로 돈을 만들 능력이 없어서 영국, 미국에서 돈을 발행해 들여와야 했습니다. 해방 직후에는 유통시킬 돈이 없어서 일본 돈 1,000엔짜리를 들여와 '조선은행권'이라는 글자만 찍어 유통시키려 했습니다.

'조선은행권' 도장이 찍힌 1,000엔은 당시 99장이 만들어졌지만 6.25가 일어나는 바람에 실제로 유통되지는 못했습니다. 그러나 지금 그 돈은 역사성과 희소성 때문에 3천만 원을 웃돈다고 합니다. 월남전 당시 영내에서 사용되던 군표 역시 희소성 때문에 보관상태가 나쁜 2센트짜리도 40만 원에 거래된다고 합니다.

나라에서 의미 있는 행사를 기념하여 특별히 만든 화폐를 기념주화라고 합니다. 우리나에서는 86아시안 게임과 88올림픽 때에 기념주화를 제작했습니다.

그렇다면 86아시안 게임 기념주화와 88올림픽 기념주화의 가치는 얼마나 될까요? 아시안 게임보다 올림픽이 더 큰대회이니 당연히 88올림픽 기념주화가 더 비쌀 것 같지만 실제로는 그 반대입니다. 86아시안 게임 기념주화는 소량밖에 제작되지 않아서 100만 원을 호가하지만 88올림픽 기념주화는 수량이 많아 가격이 그리 높지 않다고 하네요.

불량품이나 기념주화가 아닌 정식 화폐 중에도 수집가들에게 인기 있는 돈이 있습니다. 바로 지폐에 새겨진 일련번호 때문이에요. 몇십 년 전에 발행된 지폐 중에 일련번호가 0000001^{우리나라 지폐는 일련번호가 7자리임}인 지폐는 지금 1,000만 원을 호가한다고 합니다.

일반적으로 수집가들에게 인기 있는 돈에는 레이더 노트, 솔리드 노트 등이 있습니다.

레이더 노트Radar Note란 1234321, 4256524처럼 앞에서 읽으나 뒤에서 읽으나 같은 일련번호를 말합니다. 솔리드 노트Solid Note란 1111111, 5555555, 9999999처럼 일련번호가 하나의 숫자로만 된 돈입니다.

TIP

쉿! 우리나라 화폐의 비밀

1972년 5천 원권의 율곡 이이 vs
1977년 이후 5천 원권의 율곡 이이

율곡 이이의 초상이 담긴 5천 원권. 그런데 자세히 보면 1972년 처음 발행된 지폐와 1977년 이후 발행된 지폐 속의 율곡은 같은 인물이라고 할 수 없을 정도로 얼굴 모양이나 표정이 다릅니다.

1972년에 발행된 화폐 속의 율곡은 갸름하고 작은 얼굴에 오똑한 코로 서구적인 이미지이지만, 1977년 이후에 발행된 5천 원권의 율곡은 동양적인 얼굴에 자상한 이미지가 포인트입니다.

도대체 왜 같은 인물을 이렇게 다른 느낌으로 표현한 것일까요?

〈1972년 5천 원권〉

〈1977년 이후 5천 원권〉

그 이유는 공식적으로 인정할 만한 율곡의 초상화가 전해지지 않았기 때문입니다. 또 다른 이유는 화폐를 만든 사람이 외국인이었기 때문입니다. 당시 국내 제조기술로는 은행권의 원판을 제작할 수가 없었기에 영국에 있는 은행권 제조회사에 화폐 제작을 맡겼는데, 외국인의 시각은 우리와는 사뭇 달라서 초상을 재현하는 과정에서 콧날을 높이는 등 얼굴을 서구적으로 표현한 것이죠.

모든 화폐의 초상화는 오른쪽에 있다?

각 나라마다 화폐에 넣는 그림도 제각각입니다. 대부분의 나라는 역대 대통령을 시작으로 재무장관의 초상화 등 나라에 기여도가 큰 인물을 선정해 화폐에 넣습니다.

하지만 그렇지 않은 나라도 있습니다. 코끼리와 물소 그림이 대표적인 아프리카는 동물을 주로 넣고, 뉴질랜드와 호주는 아름다운 자연환경을 바탕으로 새를 등장시키기도 합니다.

우리나라는 어떨까요? 우리나라는 역사가 깊은 만큼 인물의 초상화를 넣습니다. 그렇다면 화폐에 들어간 초상화는 원래부터 지금 그 위치에 있었을까요?

그렇지는 않습니다. 1956년에 만들어진 5백 환짜리 지폐에는 사실 이승만 대통령의 초상이 정 중앙에 새겨져 있었습니다. 그런데 지금의 화폐에 들어간 초상화는 전부 오른쪽에 자리하고 있죠? 인물의 위치가 바뀐 이유는 무엇일까요?

〈5백 환권〉

당시 발행된 화폐를 처음 받아본 이승만 대통령은 이렇게 말했다고 합니다.

"내 얼굴을 어떻게 마음대로 접을 수 있습니까?"

이 대통령이 화를 낸 이후로 우리나라 지폐의 초상화는 모두 오른쪽으로 갔다고 하네요. 웃지 못할 숨은 이야기이죠. 그럼 돈을 주머니에 구겨 넣는 사람은 어떻게 하죠?

은행권에 인장을 찍는 나라

돈은 그 나라를 대표하는 얼굴입니다. 돈의 재질이나 도안 등을 보면 선진국인지 후진국인지가 금방 드러나죠. 선진국에 비해 후진국의 돈은 다소 조잡한 인상마저 줍니다. 이 모든 게 국력에서 나오는 것이죠.

디자인부터 색상 조화까지 모든 걸 감안해서 찍는 것이 돈입니다. 우리나라 역시 화폐를 만들 기술이 없어 외국에 위탁을 하던 시절이 있었습니다. 그러나 이제는 세계에서 다섯 손가락 안에 들만큼 기술적인 면에서 빠르게 성장했다고 합니다.

다만 한 가지 변하지 않는 것이 있는데요, 바로 화폐에 인장을 찍는 점입니다. 우리나라 지폐를 잘 살펴보면 도장이 찍혀 있습니다. 돈에 도장이 찍혀 있는 나라는 서명 문화가 발달하지 않은 동양의 한국, 일본, 대만뿐이죠. 그 외 나라들의 화폐는 대부분 서명을 이용합니다. 국민소득이 높아지고 삶의 질이 달라져도 변하지 않는 문화가 있는 것이죠.

그 중에서 독특한 나라는 북한과 중국인데요, 이들 나라는 서명이나 인장이 없는 돈을 발행합니다. 이렇듯 지폐에서도 각 나라의 개성과 문화를 엿볼 수 있답니다.

경제의 기본, 자유재와 경제재
아이스크림을 살 것이냐, 학용품을 살 것이냐?
시장을 움직이는 보이지 않는 손
인류는 10만 년 동안 무엇을 하며 살았을까?
수확체감은 노동력, 수확체증은 상상력
들쑥날쑥, 만족도가 달라져요!
성장이냐, 분배냐 이것이 고민이로다
선택의 문제, 기회비용과 매몰비용
GNP, GDP, GNI의 차이는?
인프라와 사회간접자본 없이는 선진국이 될 수 없어요
기업경영은 종합예술학교?
르네상스를 만든 메디치 효과
세상에 우연은 없다, 나비 효과와 핀볼 효과
경제를 바라보는 현미경과 망원경
한 과목에서 전교 일등할까? 모든 과목에서 중간할까?
100조 달러가 겨우 달걀 3개 값?
영화관에서 파는 팝콘은 왜 비쌀까?
김치냉장고가 잘 팔리는 이유는?
때로는 소비도 미덕이다

몰래 읽고 친구에게
자랑하는
'경제 이야기'

경제의 기본,
자유재와 경제재

인간은 무한한 욕망을 가진 존재입니다. 그러나 갖고 싶은 것을 모두 가질 수는 없지요. 공기나 물처럼 대가 없이 얻을 수 있는 것을 자유재, 대가를 지불해야 얻을 수 있는 것을 경제재라고 합니다. 물의 경우에도 산이나 계곡을 흐르는 물은 아무나 마실 수 있는 자유재이지만 수돗물이나 병에 담아 파는 생수는 경제재입니다.

자유재와 경제재를 구분하는 가장 좋은 방법은 그것이 누군가의 노력이 들어간 것이냐 아니냐를 생각해보는 것입니다.

산이나 들에서 열리는 과일은 자유재일까요, 경제재일까요?

산에서 저절로 열린 것이면 자유재입니다. 하지만 똑같이 산에서 자라는 과일일지라도 누군가 심고 가꾸었다면 경제재가 됩니다.

또 다른 예로 산삼을 생각해봅시다. 산삼에는 산에서 스스로 자랐거나 새들이 씨앗을 먹고 다른 곳에서 배설하여 그 씨앗이 자란 산삼이 있습니다. 그리고 인삼의 씨앗을 산삼이 자라는 환경에 뿌려 자란 '장뇌삼' 등이 있습니다. 앞의 경우는 자유재이지만 장뇌삼은 경제재가 됩니다. 그렇기 때문에 산에서 자칫 잘못하여 장뇌삼을 캤다가는 도둑질이 됩니다.

경제행위도 마찬가지입니다. 돈을 대가로 일을 하는 경우는 경제행위이지만 자발적으로 남을 도와주는 것은 경제행위가 아닙니다. 그렇다면 엄마의 심부름을 하는 것은 경제행위일까요? 아무런 대가가 없는 심부름은 경제행위가 아니지만 심부름의 대가로 용돈을 받았다면 경제행위가 됩니다.

경제학은 윤리학과는 달리 인간의 욕심을 긍정적인 것으로 봅니다. 경제학이 인간의 욕망을 긍정적으로 평가하는 이유는 그 욕망을 채우기 위해 사람들이 열심히 일을 하고, 열심히 일한 결과가 사회의 발전에 긍정적으로 기여하기 때문입니다.

경제학의 할아버지격인 애덤 스미스는 이렇게 말했습니다.

애덤 스미스

[Adam Smith, 1729-1790]

애덤 스미스는 경제학의 아버지로 불립니다. 그는 경제학의 방법과 용어를 만들고 경제활동의 자유를 주장했는데요, 그가 쓴 《국부론》은 출판된 이후 지금까지도 경제학의 교과서 역할을 하고 있습니다.

"우리가 맛있는 식사를 할 수 있는 것은 농부나 푸줏간 주인의 호의가 아니라 그들의 욕심 때문이다. 돈을 벌기 위해 열심히 땀 흘린 농부와 푸줏간 주인이 있었기에 우리는 편안하게 앉아서 맛있는 식사를 할 수 있는 것이다."

사회구성원 개개인은 자신의 욕망을 채우기 위해 열심히 일하지만 그 결과는 사회구성원 모두에게 도움이 된다는 것이에요. 이것이 경제학의 가장 기본적인 개념입니다.

만약 사회구성원 모두가 욕망을 초월한 수도사가 되어 산속에서 나무 열매를 따서 먹고 계곡 물을 마시면서 살아간다면 경제 문제는 일어나지 않을 것입니다. 그러나 그렇게 되면 그 사회는 곧 붕괴될 수도 있습니다. 경제는 인간의 욕망을 먹고 자란다는 사실을 잊지 마세요.

아이스크림을 살 것이냐, 학용품을 살 것이냐?

인간의 무한한 욕망과 한정된 자원, 그 사이에서 경제문제가 발생합니다. 갖고 싶은 것을 모두 가질 수 있다면 경제문제는 발생하지 않을 것입니다. 어느 하나를 선택하려면 대신에 다른 무엇인가를 포기해야 합니다. 그래서 경제 주체들에게는 늘 선택의 문제가 따라다니죠.

경제학이란 한정된 자원을 어떻게 효율적으로 사용할 것인가 하는 문제에서 시작합니다. 국가라면 한정된 예산으로 사회적인 **인프라**를 확충할 것인지 복지를 늘릴 것인지를 선택해야 하

> **인프라** [Infrastructure]
> 인프라는 도로, 철도, 발전소, 통신 시설, 병원 같은 생산이나 생활의 기반을 형성하는 중요한 구조물을 말합니다. 여러분이 공부하는 학교도 인프라의 하나입니다.

고, 기업이라면 생산설비를 늘릴 것인지 광고를 해서 기업 이미지를 높일 것인지를 선택해야 합니다. 개인이라면 연말에 받는 보너스로 자동차를 살 것인지 아니면 미래를 위해 저축을 할 것인지 결정해야 합니다.

이것은 학생들에게도 마찬가지입니다. 한 번쯤은 이런 고민에 빠진 적이 있을 것입니다. 용돈으로 아이스크림을 사먹을 것이냐, 아니면 필요한 학용품을 살 것이냐?

어느 한 가지를 선택할 때는 다른 무엇인가를 포기해야 합니다. 이때 포기한 것의 대가를 기회비용이라고 부릅니다. 일반적으로 선택한 것의 만족도가 포기한 것의 만족도를 훨씬 넘을 때 합리적인 선택을 했다고 말합니다.

그리고 그 선택의 기준은 '최소의 비용으로 최대의 효과'를 올리는 것입니다. 곧, 비용이 동일하다면 최대의 효과를 얻을 수 있는 것을 선택하고, 효과가 일정하다면 최소의 비용을 들일 수 있는 것을 선택하는 것이 합리적인 선택인 것이죠.

아이스크림도 먹고 싶고, 필요한 학용품도 사고 싶을 때 '평소 갖고 싶었던 학용품을 사고 집에 가서 아이스크림 대신 냉장고에 있는 시원한 물을 마시자!'라는 결정을 혼자서 할 수 있다면 여러분은 이미 경제학자나 마찬가지입니다. 한순간 먹어 사라질 아이스크림보다는 두고두고 사용할 학용품의 효과가 훨씬 더 크기 때문이죠.

학생들에게는 시간도 한정된 자원입니다. 시간이라는 한정된 자원을 가장 효율적으로 쓰는 방법은 무엇일까요? 공부를 할 것인가, 게임을 할 것인가? 그것을 결정하는 것이 경제학입니다.

경제원리는 최소한의 자원을 어떻게 효과적으로 사용할 것인가 하는 문제로 요약할 수 있습니다. 예를 들어 한정된 용돈으로 무엇을 할 것인가 하는 문제가 될 수 있겠죠.

엄마께 받은 용돈으로 여자 친구에게 생일선물을 사줬다고 생각해봅시다. 여자 친구의 마음을 얻을 수 있는 방법은 여러 가지가 있을 거예요. 편지로 마음을 전하는 방법도 있을 것이고, 선물을 주는 방법도 있을 것이고, 자상하게 보살펴주는 방법도 있을 것입니다. 어떤 방법이 가장 합리적일까요?

여자 친구의 생일에 값비싼 생일 선물을 해주는 것보다는 여자 친구가 좋아하는 꽃 한 송이와 정성껏 쓴 편지로 마음을 전하는 것이 돈도 적게 들면서 경제원리에 맞는 경제행위가 아닐까요?

시장을 움직이는 보이지 않는 손

시장은 상품과 서비스가 교환되는 곳입니다. 많은 사람이 모여서 이루어지는 거래가 어떻게 그처럼 질서정연할 수 있을까요? 시장은 보면 볼수록 정교합니다.

 시장이 움직이는 원리를 시장의 메커니즘Mechanism이라고 부릅니다. 메커니즘이란 작동원리라는 의미인데, 시장의 작동원리는 바로 가격에 의한 자율 조절기능입니다.

 장기적으로 볼 때, 수요가 늘어나면 가격이 올라가고 수요가 줄어들면 가격은 내려갑니다. 반대로 공급이 늘어나면 가격이

내려가고 공급이 줄어들면 가격은 올라가게 되지요.

배추의 경우를 생각해볼까요? 김장철에 김장을 하려는 사람들이 늘어나면 배추 값은 올라갑니다. 반대로 농부가 배추를 많이 심어서 김장을 담그려는 수요보다 배추의 공급량이 많으면 가격이 내려갑니다. 이렇게 가격은 수요와 공급에 따라 결정되는데요, 이것을 수요와 공급의 원리라고 말합니다.

그렇게 결정된 가격은 다시 수요와 공급을 조절합니다. 가격이 올라가면 수요가 줄어드는 대신 공급이 늘어나고, 가격이 내려가면 수요가 늘어나는 대신 공급이 줄어들기 때문이죠.

그렇게 수요와 공급은 가격에 의해 자율적으로 조절됩니다. 경제학의 할아버지 애덤 스미스는 이것을 보이지 않는 손Invisible hand이라고 불렀어요. 보이지 않는 손, 이것이 경제를 움직이고 가격에 마술을 부린다는 것입니다.

가격이 오르면 수요가 줄어들고 가격이 내려가면 수요가 늘어납니다. 그러나 수요가 줄어들거나 늘어나는 정도는 상품에 따라 많은 차이가 나죠. 이때 가격에 따라 수요가 늘어나거나 줄어드는 정도가 큰 것을 탄력적이라고 하고 작은 것을 비탄력적이라고 말합니다. A 상품의 가격을 10% 내렸을 때 수요가 20% 늘었는데 B 상품은 가격을 20% 내려도 수요가 10%밖에 늘지 않았다면, A 상품은 수요가 탄력적인 상품이고 B 상품은 비탄력적인 상품이 됩니다.

우리가 먹고 사는 데 꼭 필요한 생활필수품들은 가격이 올라도 수요가 급격하게 줄어들지는 않습니다. 예를 들어 쌀값이 올랐다고 당장 라면으로 식사를 대체하지는 않는다는 말입니다. 일반적으로 필수품은 비탄력적이고 사치품이나 문화상품은 탄력적입니다. 그래서 불황이 닥치면 극장, 공연, 문화상품이 가장 먼저 타격을 입는 것입니다.

인류는 10만 년 동안 무엇을 하며 살았을까?

지구의 역사는 150억 년, 인류의 역사는 현 인류의 조상인 <u>호모사피엔스</u>로부터 대략 10만 년입니다. 10만 년 동안 인류는 무엇을 하며 어떻게 살았을까요?

인류는 10만 년 중 9만 년 동안은 사냥을 하고 과일을 따고 물고기를 잡으면서 살았습니다. 그러다가 1만 년 전에야 농사를 짓기 시작했지요. 이것을 농업혁명이라고 부릅니다. 농업혁명은 인

> **호모사피엔스** [Homo sapiens]
> 호모사피엔스는 '생각하는 사람'이라는 뜻으로 네안데르탈인과 현생 인류를 포함한 생물을 가리키는 말입니다.

류의 삶을 획기적으로 바꾸어 놓았습니다. 농사를 지으면서 정착생활을 하게 되었고 안정적인 식량 공급으로 인구도 폭발적으로 늘어나기 시작했습니다. 그래서 농업혁명을 1차 혁명이라고도 부릅니다.

두 번째 혁명은 18세기의 산업혁명이었습니다. 사람과 동물의 힘에 의존하던 생산 방식이 기계로 대체되면서 인류는 이전에 경험하지 못했던 새로운 세상을 만났습니다. 기계의 등장으로 대량 생산과 대량 유통이 발달하면서 풍요의 시대가 활짝 열린 것입니다.

마지막 혁명은 바로 지난 세기 말에 등장한 인터넷 혁명입니다. 지구상에 있는 모든 컴퓨터가 하나로 연결되면서 이전에는 상상도 할 수 없었던 새로운 세계가 열렸습니다.

우리가 살아가는 21세기에 가장 요구되는 것은 정보와 창의적인 아이디어입니다. 오늘날에는 아무도 생각하지 못한 것을 먼저 생각하고 실천한 사람이 승자가 됩니다. 마이크로소프트라는 회사를 세워 세계 제일의 부자가 된 빌 게이츠나 컴퓨터 회사인 애플의 스티브 잡스 같은 인물들이 그렇습니다.

간혹 발견이나 발명의 역사를 배우는 것이 싫다는 아이들도 있습니다. 발견과 발명을 옛날 사람들이 전부 해버려서 자신은 정작 발명할 것이 없다는 것입니다.

그러나 그렇지 않습니다. 우리가 일상생활에서 무언가 불편하다거나, 이런 게 있었으면 좋겠다고 생각되는 것은 머지않아 누군가 발명해냅니다. 생활 속의 불편함이나 필요사항에 관심을 기울이는 것, 그것이 발견과 발명의 지름길입니다. 여러분의 주위에는 여러분의 관심을 기다리는 예비 발명품들이 아직도 많이 있습니다.

발명을 기다리는 것에는 어떤 것들이 있는지 알아볼까요?

비닐이나 플라스틱은 공해를 일으키죠? 지금 추진 중인 연구는 녹아서 비료가 되는 비닐이나 플라스틱입니다. 이것이 완성된다면 큰 산업이 될 것이 틀림없습니다. 그 외에도 공해를 먹고 사는 박테리아, 장애물이 있으면 저절로 멈추는 자동차, 눈으로 찍는 카메라 등 발명거리는 수없이 많습니다.

21세기에는 정보와 지식, 그리고 창의적인 생각이 부가가치의 원천이 되었습니다. 유대인들은 벌써 수천 년 전에 그것을 깨닫고 실천했습니다. 유대인들의 두뇌와 자본이 세상을 지배하고 있는 것도 이런 맥락에서 이해할 수 있습니다.

수확체감은 노동력, 수확체증은 상상력

농사를 지을 때는 토지, 자본, 노동력 3가지의 생산 요소가 필요합니다. 토지와 자본을 그대로 두고 노동력만 증가시킨다면 전체 생산량은 늘어나지만 1인당 생산량은 줄어들게 됩니다. 이것을 수확체감의 법칙이라고 부릅니다.

농부 한 사람이 농사를 지을 때 생산량이 100이 나왔다면 두 사람이 농사를 지을 때는 분명 100 이상의 생산량이 수확될 것입니다. 그러나 두 사람의 생산량은 한 사람이 농사를 지었을 때의 2배인 200이 나오지 않습니다. 아마도 생산량은 180 정도가 될 것입니다. 그렇게 되면 1인당 생산량은 100에서 90으로 줄어들지요. 세 사람이 농사를 지으면? 그 생산량은 240이 나오고 1인당 생산량은 80 정도에 머뭅니다. 이것이 수확체감의 법칙입니다.

> **하이테크 산업** [Hightech Industry]
> 하이테크 산업은 전자 공학, 생명 공학, 우주, 항공 등 고도의 첨단과학기술을 기반으로 한 첨단기술 산업을 말합니다.

 그러나 고도의 기술을 필요로 하는 하이테크 산업이나 소프트웨어 분야에서는 이와 반대로 수확체증의 법칙이 적용됩니다. 수확체증이란 생산량 증가에 필요한 생산요소, 즉 비용의 투입량이 점점 줄어드는 현상을 가리킵니다.

 마이크로소프트의 윈도우즈 프로그램은 처음 하나의 제품을 만들기 위해서는 많은 돈이 들지만 2번째 제품부터는 원가가 거의 들어가지 않습니다. 복사만 하면 되기 때문입니다. 생산량을 늘릴수록 원가는 점점 더 낮아지고 생산성은 더 높아집니다.

 스탠퍼드 대학의 브라이언 아서 교수는 자연 자원을 많이 소모하는 생산체제에서는 수확체감의 법칙이 지배하지만 첨단기술과 지식 중심의 생산체제에서는 수확체증 현상이 일어난다고 주장했습니다. 인간의 노동력이 많이 소요되는 산업 역시 수확체감의 법칙이 적용됩니다. 농업, 수산업, 광산업, 사람에 의존하는 생산업 등이 모두 여기에 해당합니다.

반대로 인간의 두뇌, 곧 머리에 든 지식과 정보를 이용하는 산업은 수확체증의 법칙이 적용됩니다. 앞으로 21세기에는 지식과 정보의 비중이 높은 산업 분야의 전망이 밝은데요, 우리나라 역시 지식, 정보 산업의 비중을 획기적으로 높여가야 할 시점입니다.

수확체증의 효과는 지식과 정보, 인터넷으로 대표되는 네트워크 산업에서 특히 강하게 나타납니다. 전화나 팩스가 한 대 뿐이고 사용자가 한 명뿐이라면 아무 짝에도 쓸모가 없지만, 사용자가 늘어날수록 이것의 효용은 기하급수적으로 증가하고 비용은 줄어듭니다. 수확체증의 법칙이 적용되는 대표적인 분야에는 인터넷이 있습니다.

일반적으로 사람들은 인터넷 동호회를 가입할 때 회원 수가 많은 곳을 찾습니다. 회원 수가 10명이면 90가지$_{10×9}$의 커뮤니케이션이 일어나지만 20명인 동호회에서는 380가지$_{20×19}$의 커뮤니케이션이 일어나기 때문이죠. 아무래도 다양한 커뮤니케이션이 가능한 쪽으로 몰리겠죠? 이런 현상을 '네트워크 효과'라고 부릅니다.

들쭉날쭉,
만족도가 달라져요!

옛날에 아주 구두쇠 영감이 살았습니다. 얼마나 구두쇠였는지 머슴에게 일은 고되게 시키면서 먹을 것은 조금밖에 주지 않았습니다. 그런 소문이 나자 구두쇠 영감집에는 머슴으로 들어가겠다는 사람이 아무도 없었습니다.

그러자 구두쇠 영감은 꾀를 냈어요. 자기네 집에 머슴으로 오면 매일 맛있는 찰밥과 떡을 실컷 먹게 해주겠다며 소문을 낸 것이죠. 그래서 마침내 머슴을 구할 수 있었습니다.

구두쇠 영감은 식사 때마다 맛있는 찰밥과 떡을 가득 내주었습니다. 머슴은 찰밥과 떡을 실컷 먹었지요. 다음 날에도 그 다음 날에도 밥상에는 찰밥과 떡이 나왔습니다.

일주일이 지나자 머슴은 된장국과 보리밥이 먹고 싶었습니다. 하지만 구두쇠 영감은 약속이라며 찰밥과 떡만 주었어요. 결국 그 머슴은 아무것도 먹을 수가 없게 되었답니다.

이 이야기에서 우리가 알 수 있는 것은 무엇일까요?

아무리 맛있는 음식도 많이 먹으면 싫증이 난다는 것입니다. 이것을 경제학에서는 '한계효용 체감의 법칙'이라고 부릅니다.

사막을 여행하는 나그네가 있습니다. 그는 지치고 배고프고 목도 말랐습니다. 그때 누군가 그에게 시원한 물을 한 병 준다면 그는 단숨에 마실 것입니다. 두 번째 병을 준다면 마시는 속도가 조금 느려질 테지요. 세 번째 병을 준다면 이번에는 빵을 좀 달라고 할지 모릅니다.

이처럼 사람이 재화에서 얻을 수 있는 만족도(효용)는 재화의 양이 많을수록 줄어듭니다. 이것을 '한계효용 체감의 법칙'이라고 부릅니다. 여기에서 재화는 사람이 바라는 모든 것을 충족시켜주는 모든 물건이라는 의미입니다. 마음에 드는 장난감이나 예쁜 학용품을 구입하면 처음에는 잠을 잘 때도 손에서 놓지 않지만 시간이 지나면 관심이 시들해지는 것과 마찬가지 이치입니다.

다시 배고픈 사람 이야기를 해보지요. 배고픈 사람에게 빵과 과일과 커피를 준다면 그는 우선 빵을 선택할 것입니다. 아마도 두 개, 혹은 세 개의 빵을 잇달아 먹겠지요. 그다음에는 과일을 먹을 것이고, 그다음에는 커피를 선택할 것입니다.

그렇다면 이처럼 골고루 먹는 이유는 무엇일까요?

사람은 효용이 가장 큰 것부터 선택합니다. 배고픈 사람에게는 빵이 가장 크게 느껴지겠죠. 하지만 어느 정도 배가 부르고 나면 빵의 효용이 줄어들고 과일이나 커피의 효용은 상대적으로 더 크게 느껴질 것입니다. 이처럼 사람은 여러 가지 재화를 고르게 선택할 때, 최상의 만족도를 느낀다고 합니다. 이것을 '한계효용 균등의 법칙'이라고 부릅니다.

성장이냐, 분배냐
이것이 고민이로다

경제문제의 핵심은 성장이냐 분배냐 하는 문제입니다. 산업혁명 이후 국가의 부(富)는 크게 증가했지만 부의 불평등 역시 심화되었습니다. 산업혁명 이후 가난한 사람과 부자의 차이는 농경사회에 비해 몇 배로 늘어났습니다. 여기서 본격적으로 성장이냐 분배냐 하는 문제가 등장하게 됩니다.

국가 경제문제의 최종 목표는 모든 국민이 물질적인 혜택을 고르게 누리며 잘살게 하는 것입니다. 국민에게 물질적인 혜택을 고르게 나누어주기 위해서는 나누어 줄 몫이 있어야 하겠죠? 우선 그 몫을 크게 만들어놓고 나누어주는 문제는 그다음에 생각해보자는 것이 성장주의이고, 작은 몫이라도 지금부터 나누어야 한다는 것이 분배주의입니다.

분배주의를 극단적으로 실천한 것이 사회주의 경제체제입니다. 그러나 사회주의는 결국 모든 국민이 못사는 불행한 결과를 낳고 말았지요.

사회주의 경제가 실패한 이유는 무엇일까요?

그것은 바로 능력의 차이를 인정하지 않았기 때문입니다. 아무리 열심히 일해도 게으름 피운 사람과 똑같이 나누어가지게 된다면 땀 흘려 일할 생각이 들지 않겠죠.

실세로 구소련에서는 이런 어처구니없는 일도 있었습니다. 나라의 창고에는 식량이 부족해서 외국으로부터 수입을 해야 할 형편이었지만 들에는 수확하지 않은 농작물이 썩고 있었죠. 집단 농장의 일꾼들이 자신에게 할당된 일만 하고 그 이상의 일은 하지 않았기 때문입니다. 하지만 능력의 차이를 인정하면 부의 불평등은 피할 수 없게 되죠. 여기에서 고민이 발생합니다.

사회주의가 몰락한 데에는 닫힌 경제도 한몫했습니다. 제2차 세계대전 이후 자본주의와 사회주의와의 대결에서 사회주의가 완패한 것은 닫힌 경제를 추구했기 때문입니다. 자본주의 경제는 열린 경제인 반면 사회주의 경제는 닫힌 경제입니다.

열린 경제란 내가 잘하는 것은 남에게 나누어주고 내가 잘 못하는 것은 남으로부터 빌리는 형태입니다. 그래서 서로가 발전할 수 있는 것이죠. 반대로 닫힌 경제는 모든 것을 스스로 해결하려 합니다. 그렇기 때문에 낙후될 수밖에 없는 것입니다.

닫힌 경제의 극단적인 형태는 원시 자급자족 사회를 생각하면 됩니다. 먹고 자고 입는 것을 모두 스스로 해결하는 것이 극단적인 자급자족 사회입니다. 원시인들이 원시상태를 면하지 못했던 것도 따지고 보면 닫힌 사회였기 때문이죠.

그렇다면 성장과 분배의 이상적인 균형은 무엇일까요? 성장에 무게중심을 두면 빈부격차가 커지고, 분배에 무게중심을 두면 나중에는 나누어 먹을 몫 자체가 없어집니다. 여러분이라면 어떤 방법으로 균형을 맞출 것인가요?

선택의 문제, 기회비용과 매몰비용

경제학은 선택의 학문입니다. 어느 하나를 선택하면 다른 한 가지는 포기해야 합니다. 그래서 우리는 하루에도 몇 번씩 선택의 문제에 직면하게 됩니다. 이때 포기하는 것에서 얻을 수 있는 대가를 '기회비용'이라고 부릅니다.

고등학교를 졸업한 사람이 대학을 갈까 취업을 할까 고민하다가 대학 진학을 선택했다고 가정해봅시다. 이럴 경우 잃어버린 기회는 취업이고 거기서 얻을 수 있는 대가가 곧 기회비용입니다.

그럼 대학 진학의 기회비용은 얼마나 될까요?

우선 대학 4년 동안의 등록금이 들어갑니다. 그리고 대학에 진학하는 대신에 잃어버린 비용도 더합니다. 대학 진학이 아니라 연봉 2천만 원의 직장에 들어갔다고 한다면, 4년 동안에 8천만 원을 벌 수 있습니다.

따라서 대학 진학에 따른 기회비용은 '대학 등록금+8천만 원'이 됩니다. 무작정 진학한 것이 아니라 대학 진학의 기회비용을 따져봤을 때, 그래도 대학에 진학하는 것이 유리하다고 판단하고 결정했다면 합리적인 결정을 한 것이지요.

부모님께 게임을 한다고 야단을 맞았던 경험이 한두 번은 있을 것입니다. 게임은 머리도 식히고 두뇌 발달에도 도움이 됩니다. 그런데도 부모님께서 게임을 한다고 야단치시는 이유는 무엇일까요? 그것은 바로 기회비용 때문입니다.

학생에게는 시간도 자원입니다. 그 한정된 자원을 공부 대신 게임을 하느라 써버린다면 공부는 기회비용이 됩니다. 따라서 게임을 한다고 부모님께서 야단을 치는 것은 게임 자체를 싫어해서가 아니라 게임을 하느라 잃게 되는 기회비용, 즉 공부를 해서 얻을 수 있는 지식과 가치가 게임에서 얻는 가치보다 더 크다고 생각하기 때문입니다.

기회비용과 혼동하기 쉬운 것이 매몰비용입니다. 매몰비용은 인간의 합리적인 판단을 방해하는 요소입니다.

서울 신림동 고시촌에 가면 10년 가까이 고시에 매달리는 사람들이 많습니다. 이 사람들이 그토록 오랫동안 실패를 경험하고도 시험을 포기하지 못하는 이유는 무엇일까요? 그것은 그동안 들인 노력 때문입니다. 지난 세월의 노력이 아까워서 차마 포기하지 못하는 것이죠.

이 사람들은 점차 '고시를 포기하고 직장에 들어간 친구들은 결혼도 하고 예쁜 아이도 낳았는데, 나는 아무것도 이룬 게 없다'고 생각하게 됩니다. 그럴수록 더욱 오기가 생겨 고시에 집착하게 되는 것이죠. 이것이 바로 매몰비용Sunk cost으로, 함몰비용이라고도 합니다.

주식을 하는 사람 중에는 잃어버린 돈이 아까워서 손을 떼지 못하는 사람들이 의외로 많습니다. 그런 사람들은 본전만 찾으면 다시는 하지 않겠다고 말합니다. 하지만 그런 생각이 그들의 발목을 잡고 놓아주지 않는 것이죠. 현명한 결정을 하기 위해서는 이미 지나가버렸고, 되돌릴 수 없는 매몰비용은 잊어버려야 합니다.

GNP, GDP, GNI의 차이는?

국민소득을 나타내는 용어에는 GNP, GDP, GNI가 있습니다. 20년 전에만 해도 GDP라는 개념이 없었지만 지금은 GNP보다 GDP라는 용어를 좀 더 많이 씁니다. 국민소득의 개념과 환경이 변했기 때문이죠.

GNP는 Gross National Product의 약자로, National은 '국민의'라는 뜻으로 쓰였습니다. 그러므로 GNP는 '국민총생산'을 가리키는 말입니다. 그리고 GDP는 Gross Domestic Product로 '국내총생산'을 의미합니다.

이 두 가지는 어떤 차이가 있을까요?

GNP는 사람의 개념이고, GDP는 장소의 개념입니다. 그래서 대한민국 국민이 생산한 것이면 어디서 생산한 것이든 모두 국민총생산GNP에 집계됩니다. 미국 공장에서 생산되는 현대자동차나 엘지전자의 실적도 GNP에 집계되지요.

그러나 국내총생산GDP은 국적을 따지지 않습니다. 국적이 어느 나라 기업이든 대한민국 안에서 생산한 것은 모두 GDP에 집계되죠. 미국 기업인 GM대우가 대한민국에서 생산하는 실적은 GNP에는 빠지지만 GDP에는 집계된다는 것입니다.

국제적인 경제교류가 잦아지다 보니 국가 경제를 말할 때 GNP보다는 GDP개념이 좀 더 적합하게 되었습니다. 미국에 진출해있는 현대자동차가 우리에게 미치는 영향보다는 우리나라에 진출해있는 GM대우의 영향력이 더 크기 때문이죠. 미국에 진출한 우리나라 기업은 현지인을 고용하고 그곳에서 비용을 쓰지만 우리나라에 진출한 외국 기업은 우리나라 사람을 고용하고 우리나라에서 비용을 쓰기 때문입니다.

여기서 다시 GNI라는 개념이 등장합니다. GNI란 Gross National Income의 약자로 '국민총소득'을 말합니다. GNP나 GDP만으로는 실제의 수입을 측정하기가 어렵습니다. 그래서 실제로 우리나라 국민에게 돌아오는 수입이 얼마인지를 따져보자는 목적으로 GNI가 등장했습니다.

미국에 진출해있는 현대자동차가 번 돈은 우리나라로 송금되고, GM대우가 번 돈은 미국으로 송금됩니다. 우리나라에 들어와 있는 외국 근로자들이 번 돈은 그들의 나라로 송금되고 우리 국민이 외국에서 번 돈은 우리나라로 들어오겠죠. GNI는 그것을 더하고 뺀 나머지인 순수한 우리나라의 소득을 의미합니다.

여기에 GNP 디플레이터GNP deflator 개념이 등장합니다. 디플레이터라는 말은 가격 수정 인자라는 뜻입니다. GNP 디플레이터란 명목 GNP를 실질 GNP로 나누어 얻어지는 값을 말하죠. 즉, 명목 국민총생산경상 국민총생산을 실질 국민총생산으로 조정할 때 사용되는 물가지수를 가리키는 말입니다.

국민소득이 10년 전에 비해 2배가 되었다면 생활도 2배로 풍족해져야 하겠지만 물가상승 때문에 현실은 그렇지 못합니다. 물가 역시 2배로 올랐다면 국민의 생활은 제자리걸음이라는 의미이죠. 그래서 진정한 국민소득은 국민소득을 물가 상승률로 수정한 것이 됩니다.

가격 수정 인자 [價格修正因子]
가격 수정 인자란 경제통계를 낼 때 물가 상승에 의한 명목적인 증가분을 없애기 위해 나누는 수로 가격 변동지수를 말합니다. 디플레이터라고도 부릅니다.

명목 GNP [Norminal GNP] 그 해의 최종생산물에 그해의 시장 가격을 곱하여 얻은 GNP로 경상 가격 GNP라고도 부릅니다.

실질 GNP
[Real gross national product]
명목 GNP(국민총생산)를 기준연도로부터의 물가 상승을 참작한 디플레이터로 수정한 것을 말합니다.

인프라와
사회간접자본 없이는
선진국이 될 수 없어요

시장경제체제에서 경제활동은 원칙적으로 민간의 주도로 이루어집니다. 그러나 민간에게만 맡겨둘 수 없는 분야가 있습니다.

예를 들면 기업이 아무리 좋은 상품을 생산해도 도로나 철도, 항만시설이 없으면 외국으로 수출을 할 수 없습니다. 그렇다고 기업이 나서서 모든 기초적인 시설을 건설할 수는 없죠.

이처럼 경제활동을 원활하게 하는 데 필요한 제반시설을 사회간접자본이라고 부릅니다. 이러한 사회간접자본은 공공의 이익에 관한 일이기 때문에 대부분 정부나 공공기관이 주도를 하죠. 사회간접자본이란 Social Overhead Cost의 번역으로 SOC로 줄여서 쓰기도 합니다.

사회간접자본과 유사한 개념으로 '인프라$_{Infra}$'라는 용어도 있습니다. 이것은 직접 생산에 투입되지는 않지만 일상생활이나 생산활동의 기초가 되는 공공재를 가리키는 말입니다. 인프라는 Infrastructure의 줄임말로 주로 언론에서 많이 사용하는데요, 경제활동의 기반을 형성하는 기초적인 시설들 즉, 도로나 하천, 항만, 공항 등과 같이 경제활동에 밀접한 사회자본을 말합니다. 최근에는 학교나 병원, 공원과 같은 사회복지, 생활환경시설 등도 포함시킵니다.

인프라는 사회간접자본과 거의 같은 개념이지만 엄밀하게 따지면 약간의 차이가 있습니다. 사회간접자본은 하드웨어와 소프트웨어를 합친 개념입니다.

예를 들면 아무리 항만과 공항시설이 좋아도 뇌물 없이 세관을 통과할 수 없다면 훌륭한 시설을 갖춘 항만이나 공항도 쓸모가 없어집니다. 이런 경우 인프라는 있지만 사회간접자본은 열악하다고 볼 수 있습니다. 이처럼 사회의 도덕성이나 신뢰는 사회간접자본에 속하지만 인프라는 아닙니다.

다른 예를 하나 더 생각해볼까요? 시설이 좋은 축구장이 있습니다. 이것은 훌륭한 축구선수가 나올 수 있는 여건이 되겠죠. 따라서 축구장은 훌륭한 축구선수를 배출하기 위한 인프라에 해당됩니다.

그러나 훌륭한 축구장 하나만으로 훌륭한 축구선수가 나오는 것은 아닙니다. 선수들의 열의도 있어야 하고, 이들에게 과학적인 훈련을 시킬 수 있는 코치도 있어야 합니다.

이 경우 축구장은 인프라에 해당되고 선수들의 열의나 훌륭한 코치, 주위 사람들의 응원은 훌륭한 축구선수를 배출할 수 있는 사회간접자본이 되는 것이죠.

이처럼 사회간접자본이 인프라보다 더 넓은 개념이지만 혼용되는 경우가 많습니다. 말하는 이들의 입장에 따라 선호하는 용어도 다른데요, 언론에서는 '인프라'라는 용어를 많이 쓰고 학자들은 '사회간접자본'이라는 용어를 많이 씁니다.

기업경영은 종합예술학교?

이제 막 고등학교를 졸업한 여학생이 대학 면접을 보러 갔습니다. 면접관이 여학생에게 "기업이 존재하는 목적은 무엇입니까?"라고 물었습니다. 여학생은 고심 끝에 '사회봉사를 하기 위해서'라고 대답했습니다. 여학생의 대답은 정답이었을까요?

기업이란 돈을 벌기 위해 존재하는 조직입니다. 사회봉사는 많은 돈을 번 다음의 이야기이죠. 빌 게이츠나 워렌 버핏은 재산의 대부분을 사회에 기부했지만 이것은 자발적인 것이지 의무는 결코 아닙니다.

기업은 어떤 상품을 만들면 잘 팔릴까, 어떻게 하면 많은 돈을 벌 수 있을까를 연구합니다. 그래서 공장을 짓고, 기계를 설치하고, 원재료를 사들이고, 사람을 고용한 후 상품을 만들어 시장에서 팔아 이윤을 남깁니다. 이것이 기업의 존재 목적입니다.

그러나 시장경제에서는 경쟁이 자유롭게 허용되기 때문에 언제든지 경쟁자가 나타날 수 있습니다. 이때는 경쟁자보다 더 좋은 품질의 상품을, 더 아름다운 디자인으로, 더 저렴한 가격에 내놓을 수 있는 쪽이 이기게 됩니다.

경쟁에서 진 기업은 돈을 벌기는커녕 적자를 내고, 이것이 오래 지속되면 그 기업은 망하게 되지요. 그래서 기업은 늘 새로운 아이디어를 모집하고 기술을 개발하여 남보다 더 나은 상품을 생산하고 소비자에게 좋은 서비스를 제공하기 위해 연구하고 노력합니다.

자유경쟁시장에서는 남이 갖지 못한 아이디어로 이제까지는 없던 새로운 상품이나 서비스를 만들어내는 것이 아주 중요합니다. 요즘 인기 있는 스마트폰만 해도 불과 몇 년 전에는 없었던 상품이죠. 그래서 스마트폰을 처음 만든 미국의 '애플'이라는 기업이 많은 돈을 벌고 있는 것입니다.

그러나 더 나은 상품을 만들었다고 해서 끝이 아닙니다. 시장경제에서는 자신의 상품을 소비자들에게 널리 알리고, 소비자들의 불만을 잘 들어주고, 소비자들에게 좋은 이미지를 심어주는 기업이 유리합니다.

> **마케팅** [Marketing]
> 시장 조사에서부터 상품을 어떻게 만들고 판매할 것인지 등 제품을 생산자에서 소비자에게 원활하게 이전하기 위한 모든 활동을 말합니다.

어느 시장이든 처음에는 기술을 가진 자가 이깁니다. 아무도 만들지 못하는 상품을 혼자만 만들 수 있기 때문이죠.

그러나 시간이 지나면 기술수준은 서서히 비슷해집니다. 인류 역사만 봐도 하나의 기술을 30년 이상 독점한 기업은 없습니다. 그만큼 기술수준이 빠르게 평준화된다는 의미이죠. 기술이 평준화되면 더 낮은 가격으로 만들 수 있는 쪽이 이기게 됩니다. 그리고 시간이 더 지나면 더 좋은 이미지, 더 친근한 느낌의 상품을 만드는 쪽이 이기게 됩니다.

이를 위해 기업은 광고를 하고 소비자 서비스를 강화합니다. 이런 활동을 **마케팅**이라고 부릅니다. 기술이 평준화되고 경쟁이 치열할수록 마케팅활동이 중요합니다. 현대의 기업경영에서 마케팅이 차지하는 비중이 점점 더 높아지고 있는 것만 봐도 그 중요성을 알 수 있습니다.

그런 점에서 본다면 기업활동은 웅장한 종합예술과도 같습니다.

르네상스를 만든
메디치 효과

메디치 효과는 다양한 요소들이 얽히고설킬 때, 엄청난 상승 효과가 나타난다는 이론입니다. 이 이론은 여러 부문에 자극을 주면 이들이 서로 상승 효과를 나타내면서 동시다발적으로 발전한다는 이론의 근거가 되었습니다.

 메디치 효과의 기원은 르네상스로 거슬러 올라갑니다. 메디치는 15세기 중엽 이탈리아 피렌체를 중심으로 일어선 가문이에요. 유럽 전역에 걸친 금융업으로 엄청난 돈을 번 메디치가는 그 돈으로 다양한 분야의 인재들을 후원했습니다.

메디치가의 후원을 받은 당시 문학가로는 시인 단테와 페트라르카, 철학자 마키아벨리가 있었고, 예술가로는 레오나르도 다 빈치, 미켈란젤로, 지오토, 보티첼리가 있었습니다. 건축가에는 미켈로초와 브루넬레스키, 조각가에는 도나텔로, 첼리니가 있었습니다.

> **르네상스** [Renaissance]
> 14세기~16세기에 이탈리아를 중심으로 일어난 문화 운동을 말합니다. 이때의 문학·미술·건축·자연 과학 등은 여러 방면에 걸쳐 유럽 문화의 근대화를 이루는 사상이 되었습니다.

그 밖에도 여러 음악가와 과학자 등 메디치가는 분야를 막론하고 뛰어난 인재들을 불러들여 그들을 적극적으로 후원했습니다. 이처럼 다양한 분야의 인재들이 얽히고설키어 상승 효과를 나타내면서 인류 역사상 가장 찬란한 문명의 꽃을 피운 르네상스 시대가 열린 것입니다.

서로 관련이 없는 다른 종류 간의 결합을 통해 폭발적인 아이디어 창출과 뛰어난 생산성을 만들어내는 것을 경제·경영학적인 개념으로 메디치 효과라고 부릅니다. 음악도가 전자제품 개발 부서에 들어가기도 하고, 전자공학도가 광고회사에서 일을 하기도 합니다. 전혀 상관이 없어 보이는 분야나 서로 다른 요소들이 부대끼면서 창의력이 살아난다는 의미이죠.

학문도 이질적인 분야와의 교류를 통해 발전합니다. 수학과 철학은 아무런 상관이 없어 보이지만 수학사에서 가장 큰 영향을 끼친 것은 인도의 철학이었습니다. 인도의 공$_{空}$ 사상에서 따온 개념이 바로 '영$_{zero}$'입니다.

믹 피어스라는 건축가가 있습니다. 그는 짐바브웨 정부로부터 기이한 제안을 받았습니다. 수도 하라레에 에어컨이 없으면서도 시원한 쇼핑센터를 지어달라는 황당한 주문이었죠.

'그 더운 곳에 에어컨이 없으면서도 시원한 건물이라?'

고민을 거듭하던 그는 우연히 한 생물학자에게 흰개미들의 집 짓는 방법에 관한 이야기를 들었습니다. 흰개미들은 아프리카 사막에 3m 높이의 굴뚝 모양의 집을 짓고 사는데 그 내부는 공기의 흐름을 조절하여 항상 일정한 온도를 유지한다는 것이었죠. 여기서 힌트를 얻은 믹 피어스는 흰개미의 지혜를 빌려 아프리카 땅에 에어컨 없는 시원한 건물을 지을 수 있었습니다.

세상에 우연은 없다, 나비 효과와 핀볼 효과

미국의 기상학자 에드워드 로렌츠는 아주 평범한 사실에 의문이 생겼습니다. 달에 사람을 보낼 정도로 발달한 현대과학이 왜 내일의 날씨 하나를 제대로 맞추지 못하는 걸까? 내일의 온도, 습도, 바람, 구름 등의 날씨는 오늘의 조건에 의해 결정될 것인데 말이죠.

그는 컴퓨터 시뮬레이션 모의실험을 통해 이들의 조건을 $\frac{1}{1000}$씩 변경해보았습니다. 바람의 방향이나 속도를 조금씩 달리 입력해보는 방식이었죠. 그랬더니 놀라운 결과가 나타났습니다. 초기조건의 미세한 변화에도 결과는 크게 달랐던 것입니다.

그는 실험 후에 이렇게 적었습니다.

'브라질에서 갈매기의 날갯짓 하나가 텍사스에서는 토네이도를 불러일으킬 수 있다.'

이 말은 후일의 학자들에게 '브라질에 있는 나비의 날갯짓이 미국 텍사스에 토네이도를 일으킬 수도 있다'라고 좀 더 우아하게 다듬어졌습니다. 그리고 이 짧막한 메모는 후일 카오스 이론의 근거가 되었습니다.

나비 효과로 불리는 이 이론의 핵심은 초기조건에서의 작은 차이 하나가 결과에 있어서는 큰 차이로 나타난다는 것입니다.

이와 비슷한 이론으로 '핀볼 효과Pinball Effect'가 있습니다. 핀볼 게임에서는 게임공이 무쌍한 변화를 연출합니다. 《우주가 바뀌던 날 그들은 무엇을 했나》의 저자로 국내에 알려진 제임스 버크는 《핀볼 효과》에서 핀볼 게임공의 변화무쌍한 질주에 대해 우연한 사건 하나가 큰 사건으로 증폭되는 현상을 설명하고 있습니다.

이처럼 우연에서 비롯된 사건이 걷잡을 수 없이 커져버린 사례는 역사에서도 찾아볼 수 있습니다. 제1차 세계대전은 마부가 길을 잃어서 발생한 우연의 사건이었습니다. 1914년 6월, 오스트리아의 페르디난트 황태자 부부가 발칸의 일각인 보스니아의 수도 사라예보를 방문했다가 세르비아 청년 프린치프의 총탄에 피살되었습니다. 이 사건을 계기로 제1차 세계대전이 발발하였습니다.

골드러시 [Gold rush]
많은 사람이 금을 찾아 금광으로 몰리는 현상을 말합니다. 또한 금의 가격이 오를 것을 예상하여 많은 사람이 금을 사려고 몰려드는 현상을 말하기도 합니다.

황태자 부부의 피살은 우연이었습니다. 당시 황태자 부부의 마차를 몰던 마부는 그곳 지리를 잘 몰라서 골목길을 잘못 접어들었고, 길을 잘못 들었다는 사실을 깨달은 마부가 마차를 돌리기 위해 마차를 멈추는 순간 우연히 그곳을 지나던 한 청년이 황태자 부부를 저격한 것이었습니다.

사라예보 사건으로 불리는 이 일은 3천 2백만 명의 사상자를 낸 제1차 세계대전으로 증폭되었습니다. 이것이 핀볼 효과입니다.

1930년대에 붐을 이루었던 미국의 골드러시는 여성들의 파마에서 비롯되었습니다. 붕사가 파마의 웨이브를 유지하는 데에 효과적인 물질이라는 것이 밝혀지자 많은 사람이 붕사를 찾아 캘리포니아로 몰려들었습니다. 붕사는 연하고 가벼운 무색의 결정성 물질로, 요업에서는 도자기에 바르는 유약 등 여러 분야에 사용됩니다. 캘리포니아는 세계 붕사 매장량의 절반이 묻혀 있는 곳이었습니다.

자카르 직기 [Jacquard]
프랑스의 발명가 자카르가 만든 직물을 짜는 기계입니다. 복잡한 무늬의 직물을 쉽게 짤 수 있어서 대량 생산이 가능해졌습니다. 자카드기라고도 부릅니다.

천공 카드 [Punch Card]
일정한 자리에 몇 개의 구멍을 내어 그 짝을 맞춤으로써 숫자나 글자, 기호를 나타내는 카드입니다. 정보의 검색·분류·집계를 할 때 쓰입니다.

그러다가 그 사람 중 누군가 금덩이를 줍는 사건이 발생했습니다. 그러자 이번에는 봉사 대신 금을 찾아 사람들이 몰려들기 시작했죠. 이것이 골드러시의 시작이었습니다.

1789년 이집트 원정을 갔던 나폴레옹이 이집트산 비단 숄을 가져왔습니다. 이것이 프랑스 귀부인들 사이에서 큰 인기를 끌자, 프랑스에서는 자카르 직기로 숄을 대량 생산하기 시작했습니다.

이어 미국의 공학자 허만 홀러리스는 자카드기의 원리를 응용하여 천공 카드를 이용한 계산기를 발명했고, 그것은 다시 최초의 컴퓨터 발명으로 이어졌습니다. 이러한 현상들이 핀볼 효과입니다.

경영학에서 핀볼 효과는 주식시장을 설명할 때 사용됩니다. 주식시장은 경제, 경제여건, 금리, 유동성, 기업의 실적 등 다양한 요인에 의해 오르고 내립니다. 이들 중 한 요소의 변화가 우호적으로 연결될 때는 주가가 큰 폭으로 상승할 수 있습니다. 사소한 요인 하나 때문에 대대적인 폭락을 맞을 수도 있다는 것이죠.

하나의 사건을 일으키는 여러 요소들은 개별적인 것 같지만 사실은 거대한 그물처럼 서로 연결되어 있어서 서로가 서로에게 영향을 미친다는 것입니다.

원인과 결과의 관계로 얽힌 것은 나비 효과이고, 서로 독립적인 사건들이 서로에게 영향을 미치면서 증폭되는 경우는 핀볼 효과라고 합니다. 앞에서 설명한 메디치 효과 같은 경우를 전형적인 핀볼 효과로 볼 수 있습니다.

경제를 바라보는 현미경과 망원경

경제학은 미시경제학微視經濟學과 거시경제학巨視經濟學으로 나누어집니다. 미시경제학은 경제활동을 하는 개별 주체들의 문제를 다루는 분야로 생산자와 소비자의 문제를 다룹니다.

생산자와 소비자의 문제는 곧 수요와 공급의 문제입니다. 그래서 미시경제학에서는 이들이 만나 균형을 이루는 시장에 대한 연구가 중요하며 가격과 비용이 중요 분석 대상입니다. 그래서 미시경제학을 가격경제학 또는 기업경제학이라고도 부릅니다.

미시경제학에서는 시장에서 가격이 어떻게 형성되고 그것이 국민생활에 어떤 영향을 미치는지를 분석합니다. 농산물시장, 반도체시장, 곡물시장 하는 것은 모두 미시경제학의 연구 분야들이에요.

> **국제수지** [國際收支]
> 한 나라가 일정한 기간에 다른 나라와 거래한 모든 것을 체계적으로 분류한 것을 말합니다.

　미시경제학이 생산자와 소비자를 주요 분석 대상으로 연구한다면 거시경제학에서는 국민소득, 물가, 실업, 환율, 국제수지 등 경제 전반에 영향을 미치는 변수들의 결정요인과 이러한 변수 간의 상호관련성을 연구합니다.

> **1930년 대공황**
> 1929년에 뉴욕 주식시장의 대폭락으로 시작되어 전 세계로 확대된 경제 공황을 말합니다. 이로써 수많은 기업이 문을 닫고, 대량 실업이 발생하였습니다.

미시경제학과 거시경제학을 현미경과 망원경에 비유하기도 합니다. 경제의 한 부분을 현미경으로 자세하게 분석하는 것이 미시경제학이라면, 거시경제학은 멀리서 망원경으로 경제 전체를 보는 방식입니다.

축구 경기를 생각해볼까요? 축구선수들이 자신의 기량을 마음껏 발휘할 수 있도록 공을 차는 방법을 가르치는 것이 미시경제라면, 축구 경기의 심판이 되어 규칙을 정하고 경기가 원만히 진행될 수 있도록 관리하는 것이 거시경제입니다.

미시경제학은 땅위를 기면서 먹이를 찾는 동물에, 거시경제학은 공중을 나는 새에 비유하기도 합니다. 하늘을 날면서 경제 전체의 흐름을 살피는 것이죠.

고전학파 경제학에서는 개별 경제주체들의 활동 결과와 경제 전체의 성과가 일치한다고 생각했지만, 1930년대의 대공황을 계기로 이 둘이 일치하지 않을 수도 있다는 것이 밝혀졌습니다.

여기서 한 나라의 경제를 미시적인 시각이 아닌 거시적인 시각으로 보자는 움직임이 나타났습니다. 바로 1936년 영국의 경제학자 케인스의 이론이에요. 그는 자신의 《고용, 이자 및 화폐의 일반이론》이라는 유명한 책에서 미국의 대공황을 수요가 뒷받침되지 않은 과잉생산 탓이라고 진단하면서 정부의 적절한 개입이 필요하다고 주장했습니다. 이것을 계기로 탄생한 것이 거시경제학입니다.

거시경제학에서는 각종 지표를 중요하게 생각합니다. 우리가 흔히 뉴스에서 접할 수 있는 환율, 주가, 금리, GDP 등이 그렇죠. 국가 경제에 충격을 미치는 외부요인이 발생했을 때, 이 지표들의 변화를 연구하는 것이 거시경제학입니다. 석유 가격이 오르면 이 지표들이 어떻게 변하고 나라 경제에는 어떤 영향을 미칠까를 연구하고 대책을 마련하는 것이 거시경제학의 목적입니다.

한 과목에서 전교 일등할까?
모든 과목에서 중간할까?

가난한 집안에 여러 명의 형제가 있습니다. 그런데 이 집의 형편으로는 형제를 모두 대학까지 보낼 수가 없습니다. 이럴 경우 형제들을 모두 공평하게 고등학교까지만 보내야 할까요, 아니면 장남은 대학을 보내고 동생들은 중학교까지만 보내야 할까요? 실제로 1970년대의 우리나라에서는 그런 고민을 했습니다.

전자를 주장하는 사람들은 최소한 고등학교는 나와야 각자 자신의 앞길을 개척할 수 있다고 말합니다. 반면 후자를 주장하는 사람들은 장남 하나만 번듯하게 대학교육을 시키면 그가 출세

하여 동생들을 이끌어줄 것이라고 말합니다.

이 문제는 후진국의 경제개발을 위해 어떤 전략을 택해야 하는가에 대한 문제와 같은 맥락입니다. 이에 대해서는 역사적으로 균형 성장론과 불균형 성장론이 팽팽하게 맞섰는데요. 대표적인 사람으로는 균형 성장론의 넉시Nurkse와 불균형 성장론의 허쉬먼Hirschman이 있습니다.

균형 성장론자들은 한정된 투자재원이지만 조금씩이라도 전 산업 부문에 고르게 투자해야 한다고 주장합니다. 반면, 불균형 성장론자들은 한정된 자원으로 어느 하나라도 제대로 할 수 없을 바에는 차라리 한두 분야에 집중시켜 그 분야를 발전시켜야 한다고 주장합니다.

대만타이완이 균형 성장론을 따랐다면 우리나라는 불균형 성장론에 충실했죠. 처음에는 대만이 우리나라를 앞섰습니다. 한정된 재원이나마 고르게 중소기업에 지원하여 전 부문이 서로가 서로의 수요가 되고 공급이 되어 내수산업을 어느 정도 궤도에 올릴 수 있었기 때문이죠.

반면 우리나라는 한정된 재원을 철강, 조선, 자동차 등의 중공업, 첨단 전자 산업 위주의 대기업에 지원하여 수출이 산업을 이끌도록 하는 전형적인 불균형 성

내수산업 [內需産業]
내수산업이란 국내시장에서 팔 물품을 생산하는 산업을 말합니다.

장 전략을 채택했습니다. 특히 경부고속도로의 건설이나 포항제철 등의 대규모 투자는 만약 실패할 경우 한정된 재원마저 없어질 위험이 있었죠. 다행히 결과는 성공적이었습니다.

대만과 한국 모두 성공적이었지만 한국의 불균형 성장 이론이 훨씬 더 효과적이었어요. 대만은 내수 위주의 수요 창출에는 성공했지만 거대한 자본과 첨단기술을 요하는 철강, 자동차, 조선, 반도체 등은 투자할 여력이 없었습니다. 그러나 우리나라는 대기업 위주의 수출 산업이 세계적인 경쟁력을 갖추면서 여타 산업을 이끄는 선도 역할을 할 수 있었습니다.

개인의 인생 전략이나 공부도 불균형 성장 이론이 적합할 때가 많습니다. 예를 들어 국어, 영어, 수학 등 전 과목에서 고르게 5등, 10등을 하는 것보다는 한두 과목에서라도 전교 1등을 하는 것이 성적관리에 효과적입니다.

앞으로의 세계에서는 모든 분야에서 두각을 나타내기는 어렵습니다. 사회가 점점 전문화되기 때문이죠. 그렇기 때문에 분야별 특화가 필요합니다.

100조 달러가
겨우 달걀 3개 값?

인플레이션inflation**은 물가가** 지속적으로 오르는 현상을 말합니다. 인플레이션은 경기가 지나치게 활성화되어도 생기고, 시중에 돈이 너무 많이 풀려도 생기고, 원자재 가격이 상승해도 생깁니다. 자원이 부족한 우리나라는 원유나 철강 가격이 오르면 곧바로 물가 상승으로 이어집니다. 과도한 임금 인상 역시 인플레이션의 요인이 되지요.

　인플레이션은 상품의 가격이 실제의 가치보다 훨씬 더 부풀려졌다는 의미입니다. 인플레이션이라는 용어는 남미의 소장수에서 나왔다고 해요. 남미의 소장수들은 소를 팔러 갈 때면 소에게 소금을 잔뜩 먹인다고 합니다. 그러면 갈증을 느낀 소는 배가 부풀어 오르도록 물을 마시기 때문에 살찐 소처럼 보인다고 하네요.

 물가가 오르는 현상을 반대로 뒤집어 보면 돈의 가치가 떨어진다는 의미가 됩니다. 돈의 가치가 가장 떨어졌던 사례는 짐바브웨에서 찾아볼 수 있습니다.

 짐바브웨에는 역사상 최고액권으로 기록된 100조 달러가 통용되던 때가 있습니다. 2008년에는 자그마치 2억 3,000만%의 물가 상승률을 기록했는데요, 100조 달러 화폐로 겨우 달걀 3개를 구입할 수 있었다고 합니다. 이 짐바브웨의 100조 달러는 화폐개혁 후 희귀성과 행운의 상징으로 인식되어 수집가들에게는 인기가 높다고 합니다.

〈짐바브웨 / 100조 달러〉

　인플레이션이 진행되면 현금보다는 물건을 가지고 있는 것이 유리합니다. 그래서 상품 거래가 활발해져요. 그러면 물가는 더욱 빠르게 오릅니다. 인플레이션이 심해지면 사재기현상, 좀 더 심해지면 투기 붐이 일어납니다.

　인플레이션이 진행되면 부동산 등의 실물자산을 가진 사람은 가만히 앉아서 부자가 됩니다. 반면 월급에 의존하면서 살아가는 사람은 가만히 앉아서 손해를 보게 되죠.

디플레이션은 반대로 지속적으로 물가가 떨어지는 현상을 가리킵니다. 디플레이션은 주가, 부동산 등의 거품 붕괴나 과도한 통화긴축, 과잉설비나 과잉공급 등이 원인입니다. 1930년대의 미국 대공황이나 지난 10여 년 동안의 일본이 디플레이션에 해당됩니다.

디플레이션이 되어 물가가 내리면 좋을 것 같지만 그렇지도 않습니다. 디플레이션이 진행되면 부동산 가격이 떨어지고, 부동산을 담보로 은행에서 돈을 빌린 기업들은 담보가치가 하락하여 더 이상 은행에서 돈을 빌릴 수 없게 되죠. 그러면 더욱 심각한 불황으로 이어질 수도 있습니다. 그러다가 디플레이션이 심해지면 기업도 문을 닫게 되고 나라의 경제 전체가 불황에 빠지게 되는 것이죠.

인플레이션, 디플레이션 모두 나쁜 것이지만 전문가들은 경제의 활성화를 위해서는 약간의 인플레이션이 좋다고 말합니다. 인플레이션이 발생하면 돈의 가치는 떨어지지만 기업활동이 활성화되어 실업자 또한 줄어들기 때문이죠.

영화관에서 파는 팝콘은 왜 비쌀까?

조선시대 실학자인 연암 박지원이 쓴 《허생전》이라는 소설이 있습니다. 소설에 등장하는 허생은 가난한 선비였습니다. 그는 돈을 벌기로 결심하고 마을의 변 부자에게 1만 냥의 돈을 빌려서 제주도의 말총을 모두 사들였습니다. 말총은 당시 양반들의 갓을 만드는 귀한 재료였습니다.

 전국의 갓이 동이 나자 말총 값은 하늘 높은 줄 모르고 올랐고, 허생은 미리 사두었던 말총을 10배의 값으로 되팔아 10만 냥을 벌었습니다.

고대 그리스의 철학자인 탈레스도 허생과 같은 방법으로 많은 돈을 벌었습니다. 돈도 벌지 못하면서 고상한 소리만 하고 다닌다는 주위의 비난에 그는 돈을 벌기로 결심하고 아테네 시내의 기름을 모두 사들여 큰돈을 번 것입니다.

 허생이나 탈레스의 행위는 경제학적으로 공급독점에 해당됩니다. 공급독점이란 생산물의 판매를 독점하는 것을 말합니다. 공급자와 수요자가 여럿인 완전경쟁시장에서는 수요와 공급의 균형에 의해 가격이 결정되지만, 독점시장에서는 공급자가 임의대로 가격을 결정할 수 있기 때문에 많은 돈을 벌 수 있습니다.

 영화관에서 파는 팝콘은 시중 가격의 2배 정도를 주고 사야 합니다. 극장 안에는 팝콘 가게가 하나뿐이어서 독점이 되기 때문이지요.

 이처럼 공급자가 하나뿐인 시장을 독점獨 : 홀로 독, 占 : 점령할 점시장, 공급자가 소수인 시장을 과점寡 : 적을 과, 占 : 점령할 점시장이라고 부릅니다. 이 둘을 합쳐서 독과점시장이라고도 합니다.

 독과점시장에서 공급자는 자신의 이익을 위해 임의대로 가격을 올리기 때문에 그 피해는 일반 소비자에게 돌아갑니다. 이를 독과점의 피해라고 부르지요.

 우리나라의 담배인삼공사, 전력회사, 가스공사 등은 경쟁자가 없는 독점시장이며 이동통신, 가전제품, 자동차 등은 경쟁자가 소수인 과점기업입니다. 조미료시장, 맥주시장, 철강시장 등도 과점시장의 사례들이죠.

담배인삼공사나 전력회사, 가스공사, 철도 등은 정부에서 투자한 공기업입니다. 담배인삼공사는 세금 확보를 위해서, 전력회사나 가스공사, 철도는 막대한 자본이 드는 사업이어서, 국가에서 투자하고 운영하기 때문에 독과점에 의한 피해는 크지 않습니다.

어느 분야든 독점이 되면 국민이 피해를 입습니다. 비싼 것을 알면서도 구입하지 않을 수 없기 때문이죠. 초창기 자유경제에서는 이것을 견제할 방법이 없었습니다. 그러나 이제는 대부분의 나라에서 독과점 금지법을 만들어 이를 제한하고 있죠. 특히 일반 국민이 일상에서 사용하는 생활필수품에 대해서는 독과점이 엄격하게 금지되어 있습니다.

김치냉장고가
잘 팔리는 이유는?

경쟁의 이치는 사람이나 동물이나 마찬가지입니다. 기업의 경쟁이론 중에 가우스이론Gauss's theorem이라는 것이 있습니다. 이것은 러시아의 과학자 가우스가 쥐의 먹이실험을 통해 밝혀낸 이론입니다. 헷갈리지 마세요. 수학자 가우스가 아닙니다. 참고로 수학자 가우스는 독일 출신으로 수리물리학으로부터 독립된 순수수학의 길을 개척하여 근대수학을 확립했습니다.

가우스이론의 핵심은 한정된 공간에 갇힌 동물들은 먹이가 부족해지면 서로가 물고 물리는 싸움을 벌이는데, 종種이 달라지면 싸움의 정도는 훨씬 약해진다는 것입니다.

가우스는 모든 조건이 동일한 두 개의 방에 쥐들을 넣어 이들이 어떻게 공존하는지를 실험했습니다. 한 방에는 같은 종의 쥐들을, 다른 방에는 종이 서로 다른 쥐들을 넣었습니다.

같은 종의 쥐들이 있는 방에서는 먹이가 남아 있는 상태에서도 힘이 강한 쥐가 약한 쥐들을 물어 죽여 결국 한 마리만 남았습니다. 하지만 다른 종의 쥐들이 있는 방에서는 먹이가 남아 있는 동안에는 서로가 각자의 생활을 영위하면서 상당 기간 공존했습니다.

여기서 나온 것이 '가우스이론'입니다. 같은 종의 개체는 동일한 영역에서 장기적으로 공존할 수 없다는 것이죠. 같은 종이란 먹이가 동일한 종으로 해석해도 무방합니다.

기업 간의 싸움도 마찬가지입니다. 경기가 좋을 때는 기업들이 어느 정도 공존하지만 경기가 나빠지면 결국 강한 자만 살아남게 되죠.

그렇기 때문에 기업 간의 싸움에서도 상품을 조금씩 다르게 만드는 것이 생존에 유리합니다. 여러 기업들이 똑같은 성능의 상품을 똑같은 형태로 팔면 공존할 수 없다는 것이죠. 상품이나 서비스 등 다양한 마케팅 요소 중에서 적어도 몇 가지는 달라야 공존할 수 있다는 이론입니다.

이것을 마케팅에서는 차별화와 세분화라고 부릅니다. 차별화란 상품의 성능이나 효능, 성분을 다르게 하여 소비자들이 동일한 상품으로 알지 못하도록 하는 것입니다. 예를 들면, 동일한 음료수이지만 성분을 조금 달리하여 '스포츠 음료'라고 하면 별도의 시장이 형성될 수 있습니다. 비누라면 오렌지향, 오이향, 자스민향 등으로 향을 달리하여 다르게 만들수 있겠죠.

세분화는 아예 소비 계층 자체를 달리 하는 것입니다. 다른 회사에서 만드는 냉장고를 똑같이 만들기보다는 김치냉장고를 만들거나 피부가 약한 유아들을 위해 유아용 비누나 아기용 샴푸를 만드는 것이죠. 이것을 마케팅 용어로는 시장 세분화라고 부릅니다.

마케팅에서는 이러한 차별화와 세분화가 반드시 필요합니다. 남이 하는 것을 무작정 따라 하다가는 가우스의 실험에 쓰인 같은 종의 쥐들처럼 물고 물리는 싸움이 되고 말 것입니다.

때로는 소비도 미덕이다

경제학의 역설 중 하나가 '소비는 미덕'이라는 말입니다. 역설이라는 말은 어떤 주장에 반대되는 이론이나 말로, 일반적으로는 모순을 일으키지 않지만 어떤 특정한 경우에는 논리적 모순을 일으키는 경우에 쓰입니다.

 그동안 사람들은 절약과 경제를 동의어로 생각할 정도로 '절약'을 강조했습니다. 그리고 절약을 미덕이라고 가르치고 배웠죠. 물론 개인으로서는 아끼고 절약해야 하지만 온 국민이 아끼고 절약하기만 한다면 나라 경제가 어려워질 수도 있습니다.

소비도 미덕이라는 주장을 편 사람은 현대 경제학의 대부인 케인스^{J.M.Keynes}였습니다. 영국의 경제학자 케인스는 자신의 경제학이론 중 '절약의 역설'이라는 논문에서 경제가 어려울 때는 '소비가 미덕이 된다'고 주장했습니다.

경제학적인 의미에서 소비는 다른 사람이 창출한 상품이나 서비스를 구입하는 행위를 말합니다. 소비를 하면 기업활동이 활성화되고, 기업활동이 활성화되면 고용이 늘어나고, 그렇게 늘어난 고용은 다시 소비를 촉진하게 됩니다. 반대로 사람들이 돈을 쓰지 않으면 기업활동이 줄어들고 이러한 악순환이 반복되면 누군가의 일자리는 없어지겠죠.

디플레이션이 진행되고 있다고 가정해봅시다. 디플레이션이란 물가가 내려가는 현상을 말해요. 물가가 내려가면 사람들은 물가가 더 내려가길 기대하면서 물건을 구입하지 않게 됩니다. 지금 100만 원에 팔리는 물건 값이 한 달 후에 90만 원으로 내려간다면 누구나 구입을 미루게 되겠죠.

사람들이 지갑을 꼭꼭 닫고 있으면 우선 가게가 문을 닫고, 다음으로는 기업이 문을 닫습니다. 그다음 단계가 되면 많은 실업자가 생기고, 직장을 잃은 실업자들은 물건을 사고 싶어도 돈이 없어서 구입하지 못하게 되죠. 그러면 더 많은 기업이 문을 닫게 됩니다. 결국 국가 경제는 깊은 수렁으로 빠지게 되죠.

돈은 흔히 물에 비유됩니다. 개인의 주머니에서 나온 작은 물방울이 모여서 개울을 이루고, 이 개울이 모여서 커다란 물줄기가 되면 기업이라는 거대한 바퀴를 돌리게 되는 것이죠. 곧 기업이 움직일 수 있는 것은 개인이 소비를 해주기 때문입니다.

기업이 잘 돌아가야 회사에 다니는 아빠의 일거리도 늘어나고 아빠의 월급도 오르게 됩니다. 그래서 경기침체기에는 소비도 미덕이 될 수 있습니다.

그러나 개인적으로는 자신의 목표를 향해 아끼고 절약하고 저축을 해야 부자가 될 수 있습니다. 국가 경제의 전체적인 목표와 개인적인 목표가 서로 부딪히게 되는 것이죠. 그래서 '역설 Paradox'이라는 표현을 쓴 것입니다.

개인의 근검, 절약은 미덕이지만 나라 전체의 경제를 고려해 볼 때 지갑을 열지 않으면 경제는 무너지고 맙니다. 그래서 건전한 소비가 필요한 것입니다.

쉿! 세계 여러 나라 화폐의 비밀

플라스틱 돈이 있다고?

플리머 노트는 플라스틱 돈입니다. 1990년대에 들어서부터 나라마다 이 돈을 발행하기 시작했는데, 그 이유는 오래 쓸 수 있기 때문이었어요. 플라스틱 돈은 종이돈보다 4배나 더 오래 쓸 수 있어서 장기적으로 봤을 때 화폐를 만드는 비용을 줄일 수 있고, 위조범들이 만들기 어려운 특수 재질을 사용하기 때문에 위조지폐를 강력히 막을 수 있다는 장점이 있었어요.

하지만 사용하기에는 불편한 점이 많았어요. 한번 접으면 잘 펴지지 않는 데다가 만드는 데도 돈이 많이 든다고 하네요.

〈플리머 노트 / 뉴질랜드〉

가장 많은 언어가 들어간 화폐는?

인도 화폐에는 무려 15개의 언어가 쓰입니다. 세계 7위의 국토 면적과 세계 2위의 인구를 자랑하는 인도는 헌법에서 공인된 주

언어가 17가지나 되고, 잘 알려진 지방 사투리까지 합치면 무려 700가지에 달하는 언어가 사용된다고 합니다.

이렇게 많은 언어가 뒤섞여 사용되다 보니 모든 사람이 편리하게 사용해야 하는 화폐에 들어간 언어 수도 자연스럽게 많아진 것이죠. 그런 이유로 화폐 뒷면에는 화폐의 금액이 무려 15개의 언어로 표시되어 있습니다.

반면 일본 돈에는 영어와 한자만 적혀 있고 자국어인 일본어는 사용하지 않는다고 합니다.

〈100루피 / 인도〉

한 화폐에 여러 명의 인물이 담겨 있다?

나라마다 화폐 도안의 소재는 다양하지만 인물이나 자연 풍경, 상징물 중 하나를 선택해 넣는 것이 일반적입니다. 하지만 한 화폐에 여러 명의 인물이나 여러 상징물을 담는 경우도 있습니다.

1990년부터 중국에서 발행되고 있는 100환의 앞면에는 중국의 역대 정치 지도자 4명의 초상이 담겨 있고, 50원의 앞면에는 인물 초상으로 노동자, 농민, 지식인의 모습이 그려져 있습니다.

〈100환 / 중국〉

필리핀에서 발행되는 1,000페소에도 필리핀인으로서 미육군사단 사령관을 지낸 빈센트 림 장군, 여성 참정권 운동가이며 걸스카우트 창시자인 요세파 르안스 에스코다, 필리핀 대법원 판사를 지낸 요세 아배드 산토스의 초상을 담고 있습니다.

〈1,000페소 / 필리핀〉

행운을 가져다주는 2달러 지폐

계산하기도 불편한 2달러 지폐는 왜 발행되었을까요? 2달러 지폐가 최초로 발행된 것은 1928년, 미국 서부 개척 시대에 금을 찾아 미지의 세계를 향해 떠났던 사람들이 긴 여정의 두려움과 외로 움으로 유난히 숫자 '2'를 좋아했기 때문이라고 합니다.

비록 2달러 지폐를 좋아하긴 했지만 사용하기에는 불편했기에 사람들은 일상생활에서 2달러 지폐를 거의 사용하지 않았습니다. 하지만 2달러 지폐는 세계적으로 유명해졌는데요. 그 이유는 바로 '행운을 부른다'는 속설 때문이었습니다.

1960년대에 『상류사회』라는 영화에 출연했던 미국 여배우 그레이스 켈리가 함께 출연했던 프랭크 시나트라로부터 2달러 지폐를 선물로 받은 후 모나코 왕국의 왕비가 되자, 이런 속설이 생겨난 것입니다.

2달러 지폐는 1928년, 1953년, 1963년, 1976년, 1995년, 2003년 6차례 발행되었고, 여전히 수집가들에게는 최고로 인기있는 화폐라고 합니다.

〈2달러 / 미국〉

국제교역은 왜 일어날까?
자원이 많아도 가난한 나라, 자원이 없어도 부유한 나라
환율이 ↓ 때는 해외여행, 환율이 ↑ 때는 국내여행!
학교 무료급식이 꼭 좋은 것일까?
잘 사는 나라는 길거리에 담배꽁초가 없어요!
맥도날드 햄버거 가격이 나라마다 다르다고?
코리언 스탠더드보다 힘센 글로벌 스탠더드
미래를 주도하는 알파라이징 산업

경제망원경으로 보는 '세계 경제 이야기'

국제교역은 왜 일어날까?

비교적 고대에 속하는 실크로드의 교역을 살펴보겠습니다. 중국의 서안과 로마를 잇는 길을 우리는 실크로드라고 부릅니다. 이 말은 중국의 비단과 향료, 그리고 차(茶)가 유럽으로 가고 아라비아의 융단이 낙타 등에 실려 중국으로 들어온 것에서 유래되었습니다. 이처럼 초기의 교역은 우리가 가진 것을 주고 우리가 갖지 못한 것을 받으며 서로의 재화를 교환하는 형태였습니다. 전형적인 물물교환이었지요.

그러다가 국제교류가 늘어나면서 우리가 갖지 못한 것뿐 아니라 우리가 가진 것이라도 생산비가 더 많이 드는 것은 외국에서 수입하는 것이 더 유리하다는 것을 알게 되면서 교역은 좀 더 활성화되었습니다.

우리나라는 지금 쌀을 제외한 대부분의 곡물은 수입에 의존하고 있습니다. 국내에서 보리나 밀, 콩을 생산할 수는 있지만 수입하는 것이 훨씬 더 싸기 때문입니다. 이처럼 우리가 생산할 수 있어도 생산비가 더 많이 드는 품목은 외국으로부터 수입하는 것이 더 유리하다는 이론이 '절대우위 이론'입니다.

절대우위설을 주장한 사람은 경제학의 할아버지 애덤 스미스였습니다. 그는 특정 상품의 생산비가 상대국보다 절대적으로 낮을 때 그 나라는 절대우위를 가진다고 말했습니다.

면직물 산업이 발달한 영국에서는 직물 한 단위를 생산하는데 10단위의 노동이 필요하지만 프랑스에서는 20단위의 노동이 필요합니다. 반대로 포도주 생산에서는 영국이 20단위, 프랑스가 10단위의 노동력이 필요합니다.

이때 영국은 직물에서, 프랑스는 포도주에서 절대우위에 있다고 말할 수 있습니다. 이럴 경우 영국은 직물 생산에 주력하고 프랑스는 포도주 생산에 주력하여 서로의 상품을 교환하는 것이 두 나라 모두에 이익이 된다는 것이 절대우위 이론입니다.

애덤 스미스의 절대우위론은 무역이 일어나는 이론적 배경을 설명하기에는 충분하지만, 모든 면에서 절대우위에 있는 나라와 모든 면에서 절대열위에 있는 나라 사이에도 교역이 일어날 수 있다는 것을 설명하지 못하는 한계가 있습니다.

예를 들어 병원에서 의사는 진료를 하는 것도 수술을 하는 것도 주사를 놓는 것도 간호사보다 월등히 우월합니다. 그렇다면 의사 혼자서 진료를 하고 수술을 하고 주사를 놓는 것이 가장 좋은 방법이겠죠. 하지만 실제로 주사를 놓는 것은 간호사들입니다. 절대우위 이론으로는 그 이유를 설명할 수 없죠.

절대우위 이론의 한계를 극복한 사람은 리카도였습니다. 리카도는 의사가 모든 일을 혼자서 하는 것보다는 주사 놓는 일은 간호사에게 맡기고 그 시간에 진료와 수술에 집중하는 것이 훨씬 더 효율적이라고 말합니다. 이것이 비교우위론입니다.

A국은 직물 생산에 90단위, 포도주 생산에 80단위의 노동력이 필요합니다. 반면 B국은 직물 생산에 100단위, 포도주 생산에 120단위의 노동력이 필요하다고 가정해봅시다. 노동력을 비용이라고 생각해도 좋습니다.

	직물	포도주
A국	90	80
B국	100	120

A국은 직물, 포도주 생산에서 B국에 비해 절대우위에 있고 B국은 두 품목 모두에서 절대열위에 있습니다. 절대우위 이론에 의하면 이럴 경우, 두 나라 사이에 교역은 일어나지 않아야 합니다. 그러나 비교우위 이론에 의하면 교역이 일어날 수 있습니다. 두 나라의 상대적인 생산비용에서 차이가 나기 때문이죠.

　두 나라의 상대적인 비용 차이를 볼까요?

　두 나라의 상대적인 비용차이를 계산해보면 A국과 B국은 직물은 0.2, 포도주는 0.83의 비용 차이가 납니다. 이 경우 A국은 B국과의 격차가 큰 포도주에 전념하는 것이 유리하고, B국은 A국과 상대적으로 격차가 작은 직물에 전념하는 것이 유리합니다. B국은 모두에서 열세지만 차이가 작은 직물에서는 비교우위에 있는 것이죠. 의사와 간호사의 관계도 이와 같습니다.

　A국이 직물과 포도주를 만드는 데 들어가는 170$_{90\,+\,80}$의 비용을 모두 포도주 생산에 쏟을 경우, 2.125단위의 포도주를 생산할 수 있습니다. 그리고 B국이 직물과 포도주를 만드는 데 들어

	직물	포도주
A국	90/100(0.9)	80/120(0.67)
B국	100/90(1.1)	120/80(1.5)
격차	0.2	0.83

가는 220$_{100 + 120}$의 비용을 모두 직물 생산에 쏟을 경우 2.2단위의 직물을 생산할 수 있습니다.

　결국 두 나라 전체 생산량은 직물, 포도주 4단위에서 4.325단위로 늘어나는 것입니다. 이것이 리카도의 비교우위론입니다.

자원이 많아도 가난한 나라, 자원이 없어도 부유한 나라

대외의존도는 먹고 사는 문제를 어느 정도 외국에 의존하고 있느냐를 나타냅니다. 경제적인 독립의 지표라고 보아도 좋습니다.

대외의존도는 한 나라의 수출과 수입을 국민소득으로 나눈 값입니다. 즉 국민소득 중에서 수입과 수출이 차지하는 비중이 어느 정도냐 하는 개념이죠.

$$대외의존도 = \frac{수출+수입}{국민소득}$$

우리나라의 대외의존도는 2009년을 기점으로 80%를 넘어섰습니다. 자원이 없는 우리나라로서는 원유, 철강 등의 원자재를 수입하여 이것을 부가가치가 높은 자동차, 선박, 전자제품, 디지털 제품으로 가공하고, 다시 수출하는 방식을 유지하고 있습니다.

우리나라는 G20개 국가 중 대외의존도가 가장 높은 나라입니다. 미국의 대외의존도가 18.7%, 일본이 22.3%, 중국이 45%임을 고려한다면 우리나라의 대외의존도가 얼마나 높은지 알 수 있습니다.

대외의존도가 높다는 것은 무슨 의미일까요?

그것은 나라 밖에서 일어나는 일에 우리나라의 경제가 영향을 크게 받는다는 의미입니다. 석유나 원자재 가격이 올라도, 환율이 조금만 움직여도 우리나라의 경제는 출렁입니다. 또 외국의 경기가 나빠지면 우리나라 경제 역시 활력을 잃게 되지요.

대외의존도는 낮다고 반드시 좋은 것도 아니고 높다고 반드시 나쁜 것도 아닙니다. 이상하지요? 얼핏 생각하기에 대외의존도가 낮아야 좋은 것처럼 보이니까요. 이렇게 생각해보세요. 아프리카의 저개발국은 대외의존도가 아주 낮습니다. 외국의 상품을 살 돈도 없고 수출을 할 정도의 기반도 없으니까요. 이들은 그냥 자연자원에 의존해서 살아갑니다. 이런 나라의 대외의존도는 거의 '0'입니다.

북한의 대외의존도는 대략 22% 정도로 낮은 수준입니다. 대외의존도가 낮다는 것은 대개 자립형 경제를 이르는 말이지만 북한의 경우, 중국과 한국의 지원이 없으면 1년을 버틸 수 없는 것이 현실이에요.

어떤 학자는 대외의존도라는 말 자체를 거부하기도 합니다. '의존'이라는 단어가 주는 느낌이 부정적이기 때문이죠. 우리나라처럼 자원이 없는 나라가 살아갈 방법은 두 가지입니다.

아프리카나 북한처럼 고립되어 살아가거나, 아니면 적극적으로 자원을 수입하고 가공하여 고부가가치의 상품을 만들고 이것을 다시 수출하여 부富를 창출하는 것입니다. 어떤 학자는 이것은 의존이 아니라 '해외 개척'이라고 주장하기도 합니다. 해외 개척이라는 거창한 표현보다는 해외 진출도 정도가 적절할 것 같습니다.

　우리나라는 대외의존도가 높기 때문에 다른 나라의 원자재 가격, 환율, 국제정세 등 거의 모든 것이 우리의 삶과 연관되어 있습니다. 그래서 지구촌 경제의 전체를 헤아릴 줄 아는 지혜와 기민하게 대처하는 지혜가 필요한 것입니다.

환율이 ↓ 때는 해외여행, 환율이 ↑ 때는 국내여행!

한 나라의 돈의 가치는 구매력에 의해 평가됩니다. 금 1돈의 가격이 한국에서는 10만 원, 미국에서는 100달러라면 10만 원과 100달러는 동일한 가치이죠. 이때의 환율은 1달러=1,000원이 됩니다. 환율은 이자율, 경기, 각국의 정책 등 다양한 요인에 의해 움직입니다.

환율이란 우리나라 돈과 외국 돈의 교환비율입니다. 미국 화폐 1달러가 우리나라 돈으로 1,200원에 교환된다면 대 달러 환율은 1,200원이 됩니다. 환율이 오른다는 것은 대 달러 환율이

1,200원에서 1,300원이 되는 것을 말하고, 환율이 내린다는 것은 대 달러 환율이 1,100원이 되는 것을 말합니다.

환율이 오르는 것은 누구에게 유리할까요?

우선 수출업자들이 유리해집니다. 수출로 받은 1달러를 1,200원에 바꾸던 것이 1,300원으로 계산되어 받기 때문입니다. 그래서 환율이 오르면 수출이 늘어납니다.

우리나라를 찾는 관광객들 또한 늘어납니다. 100달러를 가지고 우리나라에 왔을 때, 이전에는 12만 원을 바꿀 수 있었지만 환율이 올라 13만 원으로 바꿀 수 있기 때문입니다. 요즘 일본, 중국 관광객들이 우리나라를 많이 찾는 이유도 일본 화폐 엔화나 중국 화폐 위안에 대한 우리나라의 원화 환율이 높아졌기 때문입니다.

그렇다면 환율이 오르면 불리해지는 사람들에는 누가 있을까요?

수입업자들과 외국으로 나가는 사람들이 불리해집니다. 이전에는 12만 원이면 외국의 100달러짜리 상품을 살 수 있었지만 이제는 13만 원이 들기 때문이죠. 외국 여행객도 마찬가지입니다.

환율이 내리면 반대 현상이 나타납니다. 수입이 늘어나고 해외로 나가는 관광객들이 늘어나겠죠?

얼핏 생각하기에 환율이 오르면 수출이 늘어나고 외국 관광객들이 많이 들어오니 좋을 것 같지만 꼭 그렇지는 않습니다. 우

리나라처럼 원유와 원자재를 수입해야 하는 나라에서는 환율이 오르면 전반적으로 생산비가 오르고 물가도 따라서 오릅니다. 그래서 기업의 생산성이 낮아지고 경기도 침체됩니다.

여기서 한 가지 주의할 것은 환율 상승과 원화가치 상승을 혼동하지 말아야 한다는 점이에요. 환율이 오른다는 것은 원화가치가 오르는 것이 아니라 떨어지는 것입니다. 반대로 환율이 내려가는 것은 우리나라 돈의 가치가 오르는 것을 의미하죠. 아주 혼동하기 쉬운 개념이니 잘 기억해두세요.

 환율 상승에 대한 장기적인 대책은 주요 원자재를 수입에만 의존할 것이 아니라 직접 투자를 해서 해외 주요 원자재 개발권을 확보하는 것입니다. 이 부분은 아직 미개척 분야로 남아 있는데요, 앞으로 장기적으로 해결해야 할 과제입니다.

학교 무료급식이
꼭 좋은 것일까?

민주주의에서는 국민 다수의 지지를 얻는 사람이 대통령이 됩니다. 그렇다면 국민 다수의 지지를 얻는 가장 좋은 방법은 무엇일까요?

국민 중에서도 그 수가 가장 많은 노동자, 농민, 상대적으로 가난한 사람들을 위한 정책을 펴는 것입니다.

그렇게 하기 위해서는 구체적으로 어떤 정책이 필요할까요?

노동자들의 임금을 대폭 인상하고 무료교육과 무료진료, 각종 연금과 사회보장제도 등을 도입하는 것입니다. 이렇게 하면 대통령 선거에서 대통령은 따 놓은 당상입니다.

그렇다면 이러한 정책을 실천할 예산은 어디서 조달해야 할까요?

방법은 하나뿐입니다. 기업과 부자들로부터 과도하게 세금을 거둬들이는 것이죠.

그렇게 하면 기업과 부자들은 어떻게 될까요?

그 해답은 바로 남미의 아르헨티나에 있습니다. 아르헨티나는 자원이 풍부하고 땅이 비옥해서 20세기 중반까지만 해도 선진국 진입을 코앞에 두고 있었습니다. 당시에는 프랑스보다 국민소득이 높았죠. 1945년 대통령 후보로 나선 페론 대통령은 수가 많은 노조의 지지를 얻기 위해 인기정책을 약속했습니다.

그는 부자와 대기업으로부터 과도한 세금을 걷어 무료교육, 무료의료에다 사회보장정책을 공약하여 대통령에 당선되었고, 이를 실천하기 시작했습니다. 이처럼 대중의 인기에 영합하려는 정책을 대중영합주의 혹은 포퓰리즘 Popularism 이라고 부릅니다.

그러자 부자들은 미국으로 재산을 빼돌렸고 기업은 하나씩 문을 닫았습니다. 실업자는 거리로 쏟아져 나왔지만 정부에서는 무료교육에다 각종 사회보장제도를 실천하느라 그 문제를 해결할 여력이 없었습니다. 날이 갈수록 국고에는 빚만 쌓였죠. 결국 아르헨티나는 파산을 신청하기에 이르렀고, 세계 최고의 빚더미 국가가 되었습니다.

포퓰리즘의 근대적인 어원은 1891년에 등장한 미국의 인민당에 있습니다. 당시 미국 인민당은 인구가 절대적으로 많은 농민과 도시 노동자들의 지지를 얻기 위해 주요 산업국유화와 토지소유 제한, 과도한 분배정책을 내세워 대중의 표를 얻으려 했습니다.

> **산업국유화** [産業國有化]
> 공익성을 높이기 위해 나라 산업의 기초가 되는 전력, 철강, 가스, 석유 등의 산업을 나라의 소유로 하는 것을 말합니다.

정치 지도자들은 대중 인기주의의 유혹에 빠지기 쉽습니다. 당장 숫자가 많은 서민 위주의 정책을 펼치면 인기가 오를 것이기 때문입니다. 그러나 장기적으로 그것은 경제에 치명적인 독이 됩니다.

이런 사례는 유럽에도 있습니다. 1960년대와 1970년대 스페인, 포르투갈, 그리스 등이 그랬고 근래에는 독일이 그러했습니다. 독일이 침체를 거듭하고 있는 것은 과도한 통일비용 탓도 있지만 경제적 자유가 축소되고 사회, 경제적 평등 개념이 고개를 들었기 때문입니다.

잘 사는 나라는 길거리에 담배꽁초가 없어요!

우리나라 사람들은 유난히 큰 차를 좋아합니다. 2009년 우리나라에서 팔린 자동차 중 1000cc 미만의 경차와 1600cc 이하 소형차의 비중은 15% 정도라고 합니다. 나머지 85%가 중, 대형차인 것이죠. 일본의 경차, 소형차의 비중이 38%임을 감안하면 우리나라의 대형차 선호도는 턱없이 높습니다. 유럽의 선진국 중에는 경, 소형차의 비율이 40%를 넘는 나라도 많습니다.

우리나라 사람들이 그토록 대형차에 집착하는 이유는 무엇일까요?

이것에 대해 어떤 사람들은 남을 의식하거나 과시를 좋아하는 국민성이 문제라고 말합니다. 그러나 진짜 문제는 국민성이 아니라 국민소득입니다.

지금 세계 최고의 명차들이 가장 많이 팔리는 나라는 중국입니다. 중국의 대대적인 경제개발로 갑자기 돈을 번 졸부들이 부(富)를 과시할 방법이 마땅치 않기 때문입니다. 과시는 소득수준이 낮을수록, 빈부격차가 클수록 두드러지는 하나의 문화입니다.

국민소득 3만 달러가 넘어서면 자동차에 대한 개념이 바뀌고, 자동차는 과시의 수단에서 이동수단으로 바뀝니다. 그때가 되어야 고급 차에 대한 집착도 사라지게 되죠.

1970년대의 광화문 지하도는 훌륭한 구경거리였습니다. 그런데 광화문의 그 아름다운 지하도 바닥에 빼곡히 달라붙어 있는 흉물스러운 것이 있었으니, 그것은 껌을 씹다가 그대로 지하도 바닥에 버린 흔적이었습니다. 이것이 국민소득 1,000달러가 못 되던 시절의 모습입니다. 국민소득이 3천 달러를 넘어서자 그런 흔적들은 언제 그랬느냐는 듯이 사라졌습니다.

일본이나 싱가포르의 길거리에서는 담배꽁초를 찾아보기 힘들지만 우리나라에는 아직도 길거리에 담배꽁초가 널려 있죠? 이러한 현상은 GNP 3만 달러를 넘어서면 사라진다고 합니다.

사람의 의식도 소득에 따라 달라집니다. 국민소득 3천 달러까지는 먹고 사는 문제가 가장 시급합니다. 그러다가 3천 달러를 넘어서면 서서히 자아의식이 형성된다고 합니다.

 학자들은 같은 한민족인데도 남한에서는 민주화나 반독재 의식이 저리도 강한데 북한에서는 독재에 왜 아무도 항거하지 않는지 모르겠다고 말합니다. 이것 역시 소득의 문제입니다. 3천 달러가 넘어서야 비로소 민주화에 대한 자각이 형성되기 때문이죠.

 우리나라의 사회적인 현상이나 유행을 보면 일본을 따르는 것이 많습니다. 하지만 소득수준이 10~20년의 격차가 벌어지는 상태에서 일본을 따르다 보니 10~20년 전의 일본을 따르는 격이 되고 말았습니다. 우리나라가 GDP 3천 달러를 돌파한 것이 1987년, 중국은 2008년입니다. 그래서 요즘의 중국은 여러모로 우리나라 1980년대의 모습을 그대로 재현하고 있습니다. 교통문화가 그러하고 짝퉁문화가 그러하고 가게에서 버젓이 팔리고 있는 유해, 불량식품이 그렇습니다. 사람들의 의식수준 또한 그렇습니다.

 휴양지나 휴가지에 가보면 그 나라의 수준을 알 수 있습니다. 아름다운 휴양지 몰디브에 가면 소득이 높은 나라의 여행객들은 해변에서 조용히 독서를 하면서 일광욕을 즐기지만 소득이 낮은 나라의 사람들은 먹고 마시고 떠들며 돌아다닙니다.

우리나라의 독서량은 미국, 일본의 $\frac{1}{4} \sim \frac{1}{5}$ 정도의 수준으로 국민소득과 대략 일치합니다. 통계청 자료에 의하면 우리나라 국민의 독서량과 소득수준은 정확하게 비례합니다.

소득이 100만 원 미만인 계층에서는 연간 독서량이 6.3권, 100~200만 원대에서는 10.9권, 300~400만 원대에서는 12.3권, 400~600만 원대에서는 14.3권, 600만 원 이상의 계층에서는 20.1권을 읽은 것으로 조사되어 소득이 높은 계층일수록 독서가 하나의 문화로 정착되어 있음을 알 수 있습니다. 독서를 가장 많이 하는 계층은 소득수준이 가장 높은 최고경영자들이었습니다.

이것을 두고 사람들은 높은 독서수준이 생산수준을 향상시키고 선진국을 만들었다고 말합니다. 하지만 반대로 생각해보면, 우리나라도 국민소득 3만 달러 이상이 되면 진정한 독서문화가 정착되지 않을까요?

　강산의 푸름도 소득에 따라 변합니다. 1960년대의 우리나라 산들은 모두 붉은 산이었습니다. 벌채 등으로 나무가 없었기 때문이죠. 민둥산이었던 산들은 1970년대를 거치면서 조금씩 푸르러졌고, 이제 헐벗은 산은 찾아보기 힘듭니다. 그러나 아직 국민소득 3만 달러가 넘는 나라들의 산과는 거리가 있죠.

　레저나 놀이문화도 소득수준에 따라 변합니다. 1~2천 달러 수준에서는 탁구가 유행하고, 3천~1만 달러 수준에서는 볼링이 유행합니다. 그러다가 1만 달러를 넘어서면 골프 열풍이 불죠.

　그리고 3만 달러를 넘어서면 레저 공간이 자연으로 옮겨갑니다. 요트 붐이 일고 행글라이딩, 패러글라이딩이 유행하게 되죠. 10만 달러를 넘으면 하늘을 나는 자가용 비행기나 우주여행 붐이 일어날 것이라고 합니다.

맥도날드 햄버거 가격이 나라마다 다르다고?

환율이론 중에 구매력 평가설이라는 이론이 있습니다. 환율을 두 나라 사이의 구매력으로 평가하자는 이론입니다. 동일한 상품의 가격이 A국에서는 100, B국에서는 120이라면 A, B 두 나라의 환율은 100:120, 곧 1:1.2가 적당하다는 것입니다. 이럴 경우 상대국 화폐와의 환율Exchange은 $e = \dfrac{\text{외국 화폐의 구매력}}{\text{자국 화폐의 구매력}}$ 이 됩니다.

  1986년 영국의 경제지 〈이코노미스트〉는 처음으로 '빅맥지수'를 개발했습니다. 이것은 세계 여러 나라에서 공통적으로 팔

리고 있는 맥도날드 햄버거의 가격을 달러로 환산해 국가 간의 물가를 비교해보려는 시도였어요.

 환율이 구매력 평가에 의해 정해지는 것이라면 빅맥의 가격은 어느 곳에서나 동일해야 하겠지만 실제로는 그렇지 않았습니다. 각국의 통화정책에 영향을 받기도 하고, 각 나라의 특성에 따라 상품 가격을 전략적으로 정하기도 하기 때문이죠. 그러나 빅맥지수는 전반적인 물가수준을 파악하기에는 무리가 없는 지수입니다.

2010년 7월, 달러화로 표시된 각국의 빅맥지수는 노르웨이가 7달러 2센트로 가장 높았고 중국이 1달러 83센트로 가장 낮았습니다.

미국에서는 중간인 3달러 58센트에 팔리고 있으니 이 지수에 의하면 노르웨이의 물가가 중국과 미국보다 비쌉니다. 빅맥지수를 이용하면 국가별 구매력과 물가의 변화는 쉽게 이해할 수 있지만, 현재 각 나라에서 팔리는 빅맥이 동일한 상품이 아니기에 정확한 비교는 할 수 없습니다. 힌두교 신자가 많은 인도에서는 빅맥을 소고기가 아닌 닭고기로 만들고 사우디아라비아에서는 양고기를 사용합니다.

최근 빅맥지수의 이러한 단점을 보완하여 많은 사람으로부터 호응을 얻는 것이 콤섹 아이팟iPod지수입니다. 이것은 호주의 Commonwealth Securities 은행이 만든 지수로, 아이팟은 한 공장에서 생산하여 전 세계에 판매되고 있는 제품이니 유럽에서 파는 아이팟이나 미국 또는 중국에서 파는 아이팟은 동일한 제품이겠죠. 그래서 아이팟지수는 빅맥지수보다 더 정확한 수치라고 볼 수 있습니다.

2009년 10월에 발표된 아이팟지수에 의하면 8기가바이트 아이팟 나노iPod Nano 값이 제일 비싼 국가는 아르헨티나로 336달러 였습니다. 그리고 아이팟 나노를 제일 싸게 살 수 있는 곳은 미국으로 아르헨티나에서 판매하는 가격의 반도 안 되는 149달러라고 합니다.

한국을 대표하는 식품회사 농심에서는 농심의 세계화를 홍보하기 위해 지난 1월 신라면지수를 개발하여 발표했습니다. '신라면지수'에 따르면, 미국에서 신라면 1봉지의 가격은 0.89달러였고, 독일이 1.34달러로 가장 비쌌습니다. 그리고 중국이 0.44 달러로 가장 저렴했고, 한국은 조사대상 10개국 중 8번째인 0.57 달러였습니다.

코리언 스탠더드보다
힘센 글로벌 스탠더드

만약 자동차 타이어를 표준규격 없이 회사마다 다른 규격으로 만든다면 어떤 일이 생길까요? 아마도 교통 혼란 이상의 혼란이 일어날 것입니다.

교통과 통신의 발달로 지구촌이 나날이 좁아지고 세계 시장도 빠르게 단일화되고 있습니다. 여기서 국제표준, 즉 글로벌 스탠더드 문제가 생기게 됩니다.

우리나라에서만 물건을 판다면 코리언 스탠더드면 충분하겠지만 지금은 세계 모든 나라에 물건을 팔아야 하는 세상이 되었

글로벌 스탠다드 [Global Standard]
세계에서 통용되는 기준을 말합니다. 세계표준 또는 국제표준이라고 하며, 특히 기업활동이나 경영 시스템에 대해 지칭하는 경우가 많습니다.

코리언 스탠다드 [Korean Standard]
한국에서 통용되는 표준규격을 말합니다. 제품의 품질을 개선하고, 생산 능률을 향상시키고, 거래를 단순화하고, 공정화하여 소비자를 보호하기 위해 만들어진 제도입니다.

습니다. 그래서 타이어를 만들어도, 전구나 형광등을 만들어도 국제적인 규격에 맞지 않으면 수출이 불가능합니다. 그래서 국제규격으로 채택된 기업은 큰 성과를 얻을 수 있는 반면 그렇지 못한 기업은 상당한 불이익을 안게 됩니다.

먼저 인터넷 운영체제인 윈도우즈를 봅시다. 인터넷 초기에는 윈도우즈 말고도 여러 개의 소프트웨어가 있었습니다. 그러다가 윈도우즈가 승자가 되어 표준으로 채택되자 윈도우즈를 제외한 다른 소프트웨어는 모두 사라졌습니다.

일본의 사례를 볼까요? 비디오를 처음 상용화한 곳은 전자기기 제조회사인 소니입니다. 그 회사에서 사용하는 기술은 소니 베타 방식의 VTR이었습니다. 소니는 이 기술을 독점하면서 이 기술을 사용하는 업체에 대해 비싼 로열티를 받았습니다. 그러나 얼마 뒤 일본의 빅터 사가 개발한 VHS 방식의 VTR이 나왔습니다. 하지만 성능은 소니의 VTR보다 미흡했습니다. 나중에 만든 데다가 기술도 미치지 못하자 빅터 사는 누구라도 사용할 수 있게 기술을 무료로 공개해버렸습니다.

그러자 세계 대부분의 전자제품 메이커들은 무료인 VHS 기술을 채택하게 되었고 마침내 VHS는 국제표준이 되었습니다. 소니로서는 더 나은 기술을 가지고도 자사의 기술을 폐기하고 VHS 방식을 따라야 했으니 굉장히 억울한 일이겠죠. 이것은 역사상 선발기업이 더 나은 기술을 가지고도 실패한 사례이자, 국제표준의 위력을 보여주는 사례입니다.

몇 년 전에 일본이 '기무치'를 국제표준으로 만들려는 시도가 있었습니다. 김치 세계화의 가능성이 보이자 일본이 선수를 친 것입니다. 우여곡절 끝에 우리나라 김치가 국제표준으로 채택되었지만, 만약 일본의 기무치가 국제표준이 되었다면 김치를 수출할 때 고춧가루와 마늘을 줄이고 단맛과 조미료를 가미하여 숙성을 시키지 않은 채 샐러드처럼 먹는 일본 기무치를 만들어야 했을 것입니다.

지금 전 세계적인 표준으로 채택된 기술은 2만 4천여 가지나 됩니다. 그러나 우리나라의 기술이나 모델이 국제표준을 획득한 숫자는 불과 두 자리밖에 되지 않습니다. 국제표준으로 채택된 기술을 보면 나노 안전성평가기술, 노트북 어댑터, 초고압 송전기술, 원자력 계측제어기술 등이 있습니다.

최근에 국제표준으로 채택된 재미있는 우리나라의 기술이 있습니다. 바로 '온돌침대' 기술입니다. 온돌의 원조인 우리나라의 온돌 방식이 국제적인 표준이 된 것입니다. 이제 외국 기업들도 온돌침대를 만들려면 우리나라의 기술을 사용하지 않을 수 없게 되었습니다. 이것이 국제표준의 위력입니다.

앞으로는 국제표준을 염두에 두지 않으면 애써 개발한 기술도 소용이 없어지게 됩니다. 그러므로 국제표준에도 좀 더 많은 노력을 기울여야 할 것입니다.

미래를 주도하는 알파라이징 산업

플러스 알파plus-α **라는** 말은 일상생활에서 자주 사용됩니다. α에는 '기존의 것 외의 그 무엇'의 의미가 있습니다. 경제, 경영학에서는 앞으로 나타날 새로운 산업 분야를 '알파라이징 산업α-rising industry'이라고 부릅니다.

그렇다면 미래의 산업을 주도할 새로운 분야에는 무엇이 있을까요?

시대마다 주도하는 산업이 달랐습니다. 그리고 떠오르는 산업을 주도한 사람이 당대 최고의 부자가 되었습니다. 석유 산업을 주도한 록펠러가 그러했고, 철강 산업을 주도한 카네기가 그러했습니다. 근래에는 컴퓨터와 소프트웨어 산업을 주도한 빌 게이츠가 세계 최고의 부자가 되었습니다.

독일 막스 플랑크 양자광학연구소 소장으로 2005년 노벨 물리학상 수상자인 테오도르 헨슈 박사가 예견하는 알파라이징 산업 몇 가지를 살펴볼까요?

파르보 바이러스

가장 주목받는 미래 산업 중 하나가 파르보 바이러스입니다. 파르보 바이러스는 바이러스를 이용한 암 치료 방법이에요. 지금까지의 암 치료 방법은 화학적인 방법이었습니다. 화학적인 치료법은 암세포도 죽이지만 모근이나 점막 세포도 동시에 죽이기 때문에 위험부담이 컸습니다.

하지만 파르보 바이러스는 암세포 안에 살면서 암세포만을 골라 죽이기 때문에 건강한 세포를 보호할 수 있습니다. 암세포를 죽일뿐만 아니라 우편폭탄처럼 파르보 바이러스에 독을 넣어 암세포에 다가가 폭발시키는 방법도 개발 중입니다.

만능 통역기

앞으로는 어떤 언어도 통역할 수 있는 도구가 나타날 전망입니다. 만능 통역기는 말할 때 움직이는 근육의 정보를 포착하여 의미를 전달해주는 장치입니다. 정말 이런 기계가 만들어지면 여러분들을 괴롭히는 영어공부에서 조금은 해방되지 않을까요? 생각만 해도 즐겁지요?

기름 먹는 바이러스

해양 오염의 주범은 기름입니다. 지금 생명공학자들이 연구 중인 보르쿠멘시스라는 바이러스는 기름을 주식으로 살아가는 바이러스입니다. 이것이 상품화되면 해양환경은 획기적으로 개선될 것입니다. 태안 기름유출 사건이나 멕시코만 기름유출 사건을 생각해보면 이 바이러스가 얼마나 큰일을 해낼 수 있는지 짐작이 갈 것입니다.

벨로벤트

독일 뮌헨 공대에서 개발 중인 획기적인 자전거 교통 통로입니다. 벨로벤트는 도심에 자전거 전용 네트워크를 만들어 자전거로 도심의 교차지점을 통과할 때는 터널과 같은 특별 통로로 이동하는 방식이에요. 또한 이 통로 내부에 바람을 불어 넣으면 바람의 도움으로 자전거의 속도를 높일 수도 있다고 합니다.

만능 연료 자동차

 앞으로 휘발유, 천연가스, 알코올, 수소, 바이오 디젤 등 어떤 종류의 연료라도 사용할 수 있는 만능 연료 자동차가 나온다고 합니다. 이 자동차는 어떤 종류의 연료든 연료를 연소하여 생기는 에너지를 전기로 바꾸어 자동차를 가동시키는 방식으로 개발되고 있습니다.

거름이 되는 플라스틱

 골치 아픈 공해문제의 하나가 플라스틱과 기저귀 같은 비닐류입니다. 뮌헨 공대에서 개발 중인 제품은 생물학적으로 분해가 가능한 플라스틱입니다. 이것은 썩어서 다시 거름으로 사용할 수 있다고 합니다.

주인을 알아보는 똑똑한 카드

 카드의 가장 큰 문제는 분실했을 때 범죄에 이용될 수 있다는 것입니다. 앞으로 주인 인식 카드가 나오게 되면 다른 사람에 의해 사용되는 일이 없어질 것입니다. 이 카드는 평면 카메라를 카드에 부착시키는 방식으로 주인의 얼굴을 인식해야만 사용이 가능하다고 합니다.

그 외 독일 하이델베르크에서 연구 중인 동물 인프라 시스템에 의하면 동물의 원산지, 혈통 등 출생에서 유통 단계에 이르기까지 동물의 모든 정보가 제공되는 육류 이력서 제도도 개발 중입니다. 또 북극곰의 보온 원리를 이용한 건축 단열재, 식물이 자랄 수 있는 초록 아스팔트, 밀물과 썰물의 리듬을 이용한 발전소, 바람을 저장했다가 이를 에너지로 이용하는 방법 등이 개발 중입니다.

헨슈 박사는 이러한 발명들이 가까운 미래에는 실제로 나타날 것이라고 전망하고 있습니다. 여러분도 알파라이징 사업에 관심을 가져서 미래에는 대한민국이 노벨상 수상자가 가장 많이 나오는 나라가 되었으면 좋겠습니다.

나만 배부르고 남은 배고파야 좋다, 중상주의
자연이 지배한다, 케네의 중농주의
보이지 않는 손, 애덤 스미스의 고전학파
자유주의에 대한 도전, 역사학파와 마르크스학파
다이아몬드보다 물이 귀할 수 있다, 한계효용학파
수학과 과학으로 경제에 접근하다, 로잔학파
냉철한 이성과 따뜻한 가슴으로, 캠브리지학파
보이지 않는 손을 넘어서, 케인스학파
다시 정부는 간섭하지 마라, 신자유주의

한눈에 읽는, 세계를 움직인 '경제학 이론들'

나만 배부르고
남은 배고파야 좋다,
중상주의

16~18세기의 유럽은 항해술의 발달과 신대륙의 발견으로 새로운 지평이 열리는 시기였습니다. 좁은 유럽이 아니라 아시아와 신대륙이 새로운 부의 원천으로 떠올랐습니다. 그러자 유럽 각국들은 식민지 개척과 해상무역을 강화하고 상권을 확대하기 시작했어요. 식민지는 원료의 공급원이자, 상품의 판로였기 때문이죠.

이러한 배경에서는 강력하고 중앙집권적인 왕권이 필요했습니다. 식민지를 개척하고 다른 한편으로는 무역함대를 보호해야 했기 때문입니다. 그래서 이 시기에는 프랑스의 루이 14세, 영국의 헨리 8세와 엘리자베스 1세, 무적함대를 자랑하던 스페인의 펠레페 2세 등의 절대군주들이 등장했습니다.

> **절대군주** [絕對君主]
> 절대군주란 절대군주제에서의 군주(왕)를 말합니다. 절대군주제는 군주가 어떠한 법률이나 기관에도 구속받지 않고 절대적인 권한을 갖는 정치체제로 절대왕정이라고도 말합니다.

대외교역으로 국가의 부가 쌓이자 경제를 보는 시각도 달라졌습니다. 왕실 금고에 쌓아 둔 금과 은, 보석이 곧 국가의 부라고 생각하게 되었죠. 그래서 이들은 금과 은을 확보하기 위해 경쟁적으로 대외교역에 나섰습니다.

이 시기의 대표적인 사상가 콜베르는 이렇게 말했습니다.

"국가의 위대함과 힘은 왕실 금고에 얼마나 많은 금과 은이 쌓여 있느냐에 달려 있다."

대외교역을 통한 부의 축적에 중점을 둔 시기였기 때문에 이 시기의 경제사상을 중상주의라고 부릅니다. 중상주의자들은 금을 소중히 여겼기 때문에 중금주의자라고 부르기도 해요.

중상주의자들은 대외교역에서도 교역 당사자 모두에게 이익이 된다는 것을 깨닫지 못했습니다. 그래서 내 배가 부르려면 상대방의 배는 고파야 한다는 사고가 지배하게 되었죠. 이것을 경제용어로는 '근린궁핍화정책 Beggar-my-neighbor policy'이라고 부릅니다.

즉 프랑스의 왕실 금고에 금과 은을 가득 쌓기 위해서는 영국과 스페인의 왕실 금고는 비어야 한다고 생각했던 것이죠.

이들이 생각한 부의 원천은 대외교역을 통해 이익을 얻는 것이었습니다. 그러기 위해 수입은 국가가 엄격히 통제하고 수출은 국가적인 관리에서 육성하는 등 보호무역주의를 채택했습니다.

학자들은 수단과 방법을 가리지 않고 금과 은을 쌓던 그 시기를 요즘의 중국과 비교하기도 합니다. 값싼 노동력을 앞세운 값싼 상품과 저평가된 위안화정책으로 세계의 달러를 쓸어 담고 있는 중국의 모습이 중상주의 시기와 흡사하다는 것이죠.

그러나 이렇게 축적된 자본은 곧이어 등장할 산업혁명의 밑거름이 되었습니다. 이 시기를 원시적인 자본주의로 보는 학자들도 있습니다.

후일 경제학의 할아버지격인 애덤 스미스가 《국부론》이라는 책을 쓰면서 이 당시의 정책이나 사상을 System of Commerce라고 표현하면서 '중상주의'로 부르게 되었습니다.

자연이 지배한다, 케네의 중농주의

중상주의 아래에서 유럽 국가들은 대외무역을 통해 왕실의 금고를 채우는 일에만 매달렸습니다. 이에 따라 인구의 절대 다수를 차지하고 있던 농촌은 피폐해졌죠. 특히 농촌의 대부분이 소작농 형태였던 프랑스 농민들은 수확물의 $\frac{1}{2}$내지는 $\frac{3}{4}$을 지주에게 바치는 것 외에도 과도한 세금과 전쟁 동원으로 파탄의 위기를 맞이했습니다. 이 결과 당시 2,400만 명이던 농촌 인구는 1,600만 명으로 줄어 들었습니다.

프랑스의 중상주의는 수공업 형태의 사치품 산업을 육성하고 이것의 수출을 국가가 주도하는 형태로 전개되었습니다. 왕실은 여기서 큰 차익을 만들기 위해 저임금정책을 폈고, 저임금체제를 유지하기 위해 농산물 가격을 낮게 유지해야 했습니다. 이것은 농촌을 더욱 피폐하게 만드는 요인이 되었죠.

중상주의 이론에 충실했던 프랑스의 루이 왕조는 숱한 식민지 쟁탈전에 뛰어들었지만 영국과의 싸움에서 결정적으로 패하면서 국가의 재정은 파탄이 났습니다.

여기서 중상주의에 대한 반발로 등장한 것이 프랑스의 중농주의 사상이었습니다. 중상주의가 상업 자본이 발달한 영국을 중심으로 전개된 이론이라면 중농주의는 프랑스의 경제, 사회상을 반영한 이론이었죠.

중농주의를 제창한 케네는 프랑스의 궁정 의사로 자연주의자였으며 자유사상가이기도 했습니다. 중농주의를 의미하는 영어 단어 'Physiocracy'는 '자연이 지배한다'는 의미를 담고 있습니다.

자유사상가 [自由思想家]
자유사상가는 어떤 권위나 압력에도 굴하지 않고 자신의 양심과 소신에 따라 자유롭게 생각하는 사상가를 말합니다.

프랑스의 피폐한 농촌현실을 둘러본 케네는 진정한 국부는 왕실 창고에 쌓아둔 금과 은이 아니라 땅에서 나오는 산물이며, 농업발전을 통해 백성들을 잘 살게 해주어야 한다고 주장했습니다. 이러한 배경에서 등장한 것이 중상주의였습니다.

중농주의 사상은 두 가지로 요약할 수 있습니다. 우선, 나라의 부를 보는 시각이 중상주의와 달랐습니다. 중상주의가 왕실에 쌓아 둔 금과 은을 부의 원천이라고 생각한 것에 비해 중농주의는 땅에서 나는 산물이 진정한 국부라고 생각했죠.

다른 하나는 경제활동에 국가의 간섭을 배제하려는 시도였습니다. 철저한 국가의 통제 아래 있던 상업과 공업도 경제주체들의 자유에 맡겨 두라는 것이었죠.

국가의 간섭과 통제를 반대하는 중농주의는 자본가들로부터 열렬한 환영을 받았지만 애덤 스미스의 경제학이 프랑스에 도입되면서 곧 종말을 고했습니다. 그러나 중농주의의 자유수의 사상은 프랑스 혁명에 도화선이 되었으며, 애덤 스미스의 자유방임 사상의 형성에 결정적으로 영향을 미쳤습니다.

보이지 않는 손, 애덤 스미스의 고전학파

고전학파는 경제적 자유를 목표로 내걸고 18세기 후반부터 19세기 중반까지 영국에서 나타난 경제사상이었습니다. 당시 중상주의를 통해 왕실의 국고를 채우기에 급급하던 프랑스의 부르봉 왕조는 대혁명으로 무너지고, 신생 독립국이었던 미국에서는 자유주의 사상이 꽃피기 시작했습니다. 영국에서는 산업혁명이 일어나 자본주의가 자리를 잡기 시작할 무렵이었죠. 이러한 시대적 상황을 뒷받침한 이론이 고전학파의 경제이론이었습니다.

고전학파의 창시자는 스코틀랜드 출신의 애덤 스미스였습니다. 그는 글래스고 대학에서 수학과 자연철학을 공부했고 옥스퍼드 대학에서는 철학과 윤리학을 공부했습니다. 아마도 이 시기에 인간의 이기심과 자유, 도덕적 문제를 고민한 듯합니다. 그리고 이것은 그의 자유주의 사상의 씨앗이 되었습니다.

그는 후일 프랑스를 여행하면서 프랑스 계몽주의 사상의 대부인 볼테르와 튀르고 등 당시 프랑스의 중농주의자들을 만나 그들의 자유주의 사상에 큰 감명을 받았습니다.

그후 영국으로 돌아와서 쓴 책이 자본주의 경제학의 교과서가 된 《국부론》이었습니다. 이 책의 정확한 이름은 《국가의 부의 본질과 원인에 관한 연구 An Inquiry into the Nature and Causes of the Wealth》입니다. 이 책은 인류에 가장 큰 영향을 미친 책 중의 하나로 손꼽힙니다.

애덤 스미스는 이 책에서 국가의 부란, 왕실 금고에 쌓인 금과 은이 아니라 국민이 잘 먹고 잘 사는 것이라고 주장했습니다.

그러기 위해서는 분업을 통해 생산을

볼테르 [Voltaire, 1694~1778]
프랑스 계몽기의 사상가로 그는 철학자, 역사가, 문학가이기도 했습니다. 풍자 시인으로 이름을 얻었지만 나중에는 신앙과 언론의 자유를 추구하는 계몽사상가로 활약하였습니다.

튀르고 [Turgot, Anne Robert Jacques, 1727~1781]
프랑스의 정치가이자 경제학자입니다. 중농주의 정책을 시행하고 자유주의 개혁을 시도하였으나 특권 계급의 반대로 실패하였습니다.

획기적으로 늘려야 한다고 주장했으며 경제를 경제 주체들의 자유에 맡겨 두는 것이 옳다고 주장했습니다.

경제를 경제 주체들의 자유에 맡겨 두면 '보이지 않는 손Invisible hand'에 의해 전체적인 조화를 이룰 것이라는 생각이었죠. 이것이 자본주의를 시대의 궤도에 올린 위대한 통찰이었습니다.

애덤 스미스는 국가 간의 교역도 자유에 맡겨 두라고 주장했습니다. 얼핏 보기에 이것은 중상주의자들과 같아 보이지만 근본적인 생각에서 큰 차이가 났습니다. 중상주의자들은 대외교역에서 차익을 만드는 것이 목적이었지만 애덤 스미스와 그의 뒤를 이은 리카도는 대외교역이 당사자 모두에게 득이 된다고 보았습니다. 이것이 절대우위론과 비교우위론입니다.

애덤 스미스의 자유주의 이론은 자본주의 발달과정에 있어서 혁신적인 이론으로 받아들여지고 있습니다. 이는 마침 영국에서 일어난 산업혁명과 시기를 같이 하면서 영국을 자본주의 경제의 종주국으로 올려놓는 결정적인 계기가 되었습니다.

자유주의에 대한 도전, 역사학파와 마르크스학파

19세기 초반이 되자 고전학파의 이론은 독일에서 일어난 역사학파와 마르크스 경제학파에 의해 커다란 위협에 직면했습니다.

고전학파의 자유방임에 대해 독일의 역사학파는 경제이론의 역사적 상대성을 강조했고, 칼 마르크스에 의해 집대성된 사회주의 경제학은 **잉여가치설**에 근거하여 자본주의를 노동착취의 경제

잉여가치설 [剩餘價値說]
노동자가 임금 이상으로 생산한 가치가 자본가의 소득의 원천이 된다는 학설입니다.

로 규정하였습니다. 이는 고전주의 경제학을 뿌리째 흔드는 이론들이었습니다.

먼저 역사학파에 대해 이야기해보지요. 당시 영국에 비해 산업 발달이 늦었던 독일은 고전학파가 주장하는 자유주의 이론을 그대로 수용하기가 어려웠습니다. 그래서 그들은 고전학파의 자유주의에 대한 반기를 들고 경제학은 시대적 상황이나 역사적으로 접근해야 한다고 주장했습니다.

리스트, 로셔, 힐데브란트, 슈몰러, 브렌타노, 버그너 등으로 대표되는 역사학파들은 독일의 자립을 위해서는 영국 상품의 침입을 막고 보호주의로 국내 산업을 육성해야 한다고 주장했습니다.

자유주의에 대한 결정적인 도전은 마르크스학파에 의해서였습니다. 경제학자 중에서 칼 마르크스처럼 자본주의의 핵심을 제대로 꿰뚫어본 사람은 없을 것입니다. 마르크스는 노동가치설의 토대 위에 유물론이라는 철학적 도구로 자본주의를 분석했습니다.

그는 상품이 가치를 가지는 것은 노동력이 투입되었기 때문이므로 상품의 가치는 투입된 노동량과 비례해야 한다고 주장했습니다. 그는 이윤의 원천 역시

> **유물론** [唯物論]
> 만물의 근원을 물질로 보고 모든 정신현상도 물질의 작용이나 그 산물이라고 주장하는 이론입니다.

노동에 있으므로 노동자에게 훨씬 더 많은 몫이 돌아가야 한다고 주장했습니다.

그에게 자본주의는 자본가의 끝없는 탐욕과 노동자에 대한 착취가 없이는 유지될 수 없는 체제였습니다. 그는 이것이 노동자에게 돌아가야 할 몫을 자본가들이 착취하기 때문이라고 생각했습니다. 마르크스는 두 가지 관점에서 자본주의는 필연적으로 몰락할 것이라고 예언했습니다.

첫 번째는 자본주의가 고도화되면 자본가들의 탐욕에 의해 과잉생산이 일어날 수밖에 없고, 이는 수요가 뒷받침되지 않아 공황으로 이어지게 될 것이라는 것이었습니다.

그리고 두 번째는 자본주의가 발전할수록 빈부의 격차는 커지고, 계급 간의 갈등이 심화되어 혁명으로 이어져 결국 '자본주의는 붕괴될 것이다'라는 예언이었죠.

비록 마르크스의 두 번째 예언은 맞지 않았지만 첫 번째 예언은 기막히게 들어맞았습니다. 1930년대 미국의 대공황이 발생한 것이죠. 그러나 자본주의가 붕괴될 것이라는 그의 예언과는 달리 오히려 붕괴한 것은 사회주의였습니다.

다이아몬드보다 물이 귀할 수 있다, 한계효용학파

칼 마르크스 경제학은 고전학파와 그 추종자들을 아주 곤혹스럽게 만들었습니다. 이러한 마르크스학파의 공격으로부터 고전학파 경제학을 구하기 위해 나타난 이론이 신고전학파였습니다. 신고전학파라는 이름도 그래서 붙게 되었어요.

 넓은 의미의 신고전학파는 한계효용론을 들고 나온 오스트리아학파, 로잔학파, 그리고 캠브리지학파를 포괄하는 개념이지만, 좁은 의미의 신고전학파는 마셜을 주축으로 하는 캠브리지학파만을 가리킵니다.

한계효용학파는 오스트리아의 칼 멩거, 스위스의 레온 왈라스, 영국의 제번스 등에 의해 제기되었어요. 이들은 노동가치설 대신 한계효용론을 들고 나왔습니다. 고전학파의 원조인 애덤 스미스와 리카도 이론의 출발점이 노동가치설이었고, 마르크스 역시 노동가치설을 바탕으로 마르크스 경제학을 세웠습니다. 따라서 마르크스를 부정하기 위해서는 노동가치설을 버려야만 했습니다.

이들은 인간의 주관적인 효용이 상품의 가치를 결정한다는 효용가치설을 내세우면서 '효용은 욕망의 강도에 비례하고 존재량에 반비례한다'고 주장했어요. 아무리 효용가치가 높은 재화라도 존재량이 많으면 가치를 느끼지 못하지만 반대로 효용가치가 거의 없는 상품도 희소가치를 가질 때에는 얼마든지 높은 교환가치를 가질 수 있다는 것입니다.

우리가 일상에서 마시는 물 한 모금과 사막에서 마시는 물 한 모금은 효용가치가 전혀 다릅니다. 이들은 상품의 가치가 '투입된 노동'이라는 객관적인 요소가 아니라 '개인의 효용'이라는 지극히 주관적인 요소에 의해 결정된다는 새로운 경제학의 이론 체계를 세웠습니다.

한계효용학파의 이러한 주장은 마르크스학파를 당황하게 만들기에 충분했습니다. 그로부터 노동의 가치냐, 인간의 효용가치냐 하는 길고도 지루한 싸움이 시작되었습니다.

노동가치설에 의하면 상품의 가치는 투입된 노동력과 비례해야 합니다. 자동차가 자전거보다 비싼 이유는 투입된 노동량이 더 많기 때문입니다.

노동가치설을 극단적으로 획징하면 노동이 들어가지 않은 것은 어떤 것도 가치가 없어야 합니다. 그러나 효용가치설을 극단적으로 확대하면 투입된 노동이 전혀 없는 상품도 개개인의 주관적인 효용에 의해 얼마든지 높은 가치를 가질 수 있습니다.

노동을 최고의 가치로 본다면 노동자의 몫을 강조하는 좌파 경제학으로 기울게 되고, 주관적인 효용을 최고의 가치로 본다면 우파 경제학으로 기울게 됩니다.

노동가치론자들이 사회에 존재하는 경제적인 불평등을 해명하고 이것을 해결하는 데 초점을 맞춘다면, 한계효용론자들은 사회 전체의 파이를 키우는 일이 좀 더 중요하다고 생각합니다.

수학과 과학으로 경제에 접근하다, 로잔학파

로잔학파는 1870년 스위스 로잔 아카데미의 레온 왈라스 Leon Walras 교수에 의해 창시되어 그를 계승한 파레토에 의해 발전했습니다. 로잔학파는 마르크스학파의 이론에 반대한다는 점에서 비슷한 시기에 형성된 오스트리아학파나 캠브리지학파와 함께 한계효용학파로 분류되기도 합니다.

그러나 한계효용학파가 '효용'이라는 인간의 주관적인 동기를 경제학의 출발점으로 삼은 데 반해 로잔학파는 결과적으로 나타난 현상을 가지고 효용을 설명했다는 점에서 차이가 있습니다.

> **생산비설** [生産費說]
> 재화의 교환가치가 어떻게 성립되는지를 밝히는 가치학설 중의 하나로 상품의 현실 가격은 수요와 공급의 비례로 결정되지만, 장기적으로 봤을 때 완전경쟁에서의 가격은 생산비에 의해 결정된다는 학설입니다.

고전학파와 마르크스학파는 노동가치론을 이론적 토대로 삼았고, 오스트리아학파는 인간의 주관적인 효용을 이론적 토대로 삼았습니다. 하지만 로잔학파는 경제학을 수학적, 과학적으로 접근하고자 노력했습니다.

이들은 모든 경제현상은 서로 관련되어 있다고 보았으며, 상품의 가격이나 가치가 결정되는 과정도 노동가치설이나 생산비설 혹은 한계효용설 중 어느 하나에도 치우치지 않고 '일반적인 균형관계'로 진행된다고 보았습니다. 즉 완전경쟁시장이라면 재화의 가격은 관련요소들이 상호의존적으로 균형을 이루면서 결정되겠죠. 그들은 이들의 상호관계를 수학 방정식을 이용하여 규정하고자 시도했습니다. 이렇듯 수학을 이용한 이들의 방법론을 따서 이들을 '수리학파'라고 부르기도 합니다.

오스트리아학파가 효용이라는 지극히 주관적인 것에서 출발한 것과 달리 로잔학파는 한계효용의 측정 가능성을 부인했습니다. 이들은 주관적인 동기가 아닌 표면적으로 나타난 행위를 가지고 간접적으로 한계효용을 파악하고 있다는 점에서 뚜렷한 차이를 보입니다.

수리경제학의 시조격인 레온 왈라스는 자신들의 이론을 현실 경제에도 적용하여 응용경제학이라는 영역을 개척했습니다.

레온 왈라스의 뒤를 이은 파레토는 왈라스가 충분히 설명하지 못했던 소비자 선택 이론을 무차별곡선으로 설명했죠. 그는 무차별곡선상에서는 어떤 선택의 조합도 효용면에서 차이가 없기 때문에 굳이 효용의 측정 가능성을 논의할 필요가 없다고 주장했습니다.

파레토는 효용의 주관적, 심리적 해석을 제거함으로써 일반균형이론의 체계를 완성하여 근대 경제학의 기초를 닦았습니다. 그는 또한 파레토 최적이라는 개념을 도입하여 이상적인 분배문제와 후생경제학의 기초를 닦은 학자로 평가되고 있습니다. 로잔학파는 파레토 이후에도 많은 학자를 배출하여 일반균형론을 실증적으로 응용하여 투입산출분석의 틀을 확립하는 성과를 낳았습니다.

> **파레토 최적** [Pareto optimum]
> 경제학자 파레토의 '사회에 만족을 주는 힘의 극대'라는 말에서 유래한 말로 자원배분의 가장 효율적인 상태를 나타냅니다.
>
> **투입산출분석**
> 경제분석 방법의 하나로 일정한 기간에 이루어진 한 나라의 모든 경제활동을 산업부분별로 나누어서 각 부분에 투입된 것과 산출된 것의 상호관계를 분석하는 방식입니다. 산업연관분석이라고도 합니다.

냉철한 이성과 따뜻한 가슴으로, 캠브리지학파

캠브리지학파는 A. 마셜, C. 피구, J.M. 케인스 등 영국 캠브리지 대학 출신의 경제학자들을 중심으로 형성된 학파입니다. 그리고 좁은 의미의 신고전학파를 뜻합니다.

캠브리지학파의 등장은 19세기 후반과 제1차 세계대전 이후의 영국을 배경으로 하고 있습니다. 그 시기의 영국 경제는 산업혁명을 기반으로 번영기를 누렸지만 이로 말미암은 극심한 빈부격차는 심각한 사회적 갈등을 낳았습니다. 또한 러시아에서는 공산주의가 등장했습니다.

이 시기에 등장한 캠브리지학파는 애덤 스미스나 리카도 등의 고전학파 이론을 수용하면서도 19세기 후반부터 20세기 초반에 나타난 소득의 불평등, 만성적 실업, 독점 등의 문제를 이론적으로 분석하고 이의 해결책을 모색했습니다. 마르크스 경제학을 극복하기 위한 학파로 볼 수 있습니다.

앨프레드 마셜은 신고전학파와 캠브리지학파의 창시자이자 케인스의 스승이었습니다. 그는 캠브리지 대학 경제학부 주임 교수로 취임하면서 경제학도들에게 '냉철한 이성과 따뜻한 가슴'이란 말을 강조했습니다. 즉 경제성장의 문제는 냉철한 이성으로 접근하되 경제성장의 대열에서 뒤처진 소외 계층에 대해서는 따뜻한 가슴으로 보살펴야 한다는 의미였지요. 이 말 한마디로도 캠브리지학파의 성향을 짐작할 수 있습니다.

한계효용학파가 노동가치설을 전면으로 부인하고 오직 주관적인 효용에 의해서만 상품의 가치를 인정한 것에 비해 캠브리지학파는 노동가치와 한계효용이론을 모두 받아들였습니다. 마셜은 재화의 정상 가격이 수요 측면에서는 한계효용에 의해, 공급 측면에서는 생산비에 의해 결정된다고 보았어요. 수요이론에서는 한계효용을, 공급이론에서는 생산비설을 받아들이는 형태로 노동가치설을 절충한 것이죠.

이들이 활동하던 당시 영국의 근로자들은 러시아 혁명의 영향

을 받아 자본의 명령에 고분고분하지 않았습니다. 이것이 C. 피구 등으로 하여금 후생문제에 관심을 갖게 하는 계기가 되었죠.

그러나 이들은 고전학파 경제이론의 변화를 간과하고 고정된 측면만을 강조한 나머지 1930년대의 대공황을 계기로 나타난 구조적인 실업문제나 장기적인 경기침체 등을 설명하지 못하는 한계를 드러냈습니다.

보이지 않는 손을 넘어서, 케인스학파

1930대의 미국에서 대공황이 일어나기 전까지 자본주의를 지탱한 이론은 애덤 스미스의 '보이지 않는 손'이었습니다. 애덤 스미스의 이론은 경제문제를 경제 주체들에게 맡겨두면 보이지 않는 손에 의해 모든 것이 조절된다는 것이었습니다.

그러나 막상 대공황이 일어나자, 언제까지나 승승장구할 것 같던 미국의 자본주의는 하루아침에 주저앉고 말았습니다. 마침 마르크스가 과잉생산에 의한 공황과 자본주의의 붕괴를 예언한 다음이라 사람들은 공포에 떨었죠.

이때에 등장한 것이 케인스학파였습니다. 케인스는 자본주의를 경제 주체들의 자유에만 맡겨 두면 이윤 추구에 눈먼 자본은 과잉생산으로 치닫게 되고, 생산과 유효수요가 서로 동떨어지게 되어 공황이 올 수밖에 없다고 진단하였습니다. 이는 마르크스가 예견했던 것과 거의 같은데요, 마르크스가 위대한 이유도 여기에 있습니다.

공급과잉에 의한 불황을 처음 예언한 사람은 인구학자 맬서스였습니다. 이를 마르크스가 이어받았고 다시 케인스가 이어받은 셈이죠.

여기서 케인스는 국가도 하나의 경제 주체가 되어 적극적으로 경제에 관여하고 수요를 창출해야 한다고 주장했습니다. 국가의 간섭을 철저히 부인했던 고전학파와는 달리 국가가 조정자로서의 일정한 역할을 해야 한다는 것이 케인스학파의 주장이었죠.

이는 세계 대공황을 극복하기 위한 바탕이 되었고, 사람들은 케인스 이후부터의 자본주의를 수정자본주의라고 불렀습니다.

미국의 대공황은 과잉생산과 이를 뒷받침하지 못하는 유효수요의 부족으로 일어났습니다. 유효수요란 실제 구매로 연결될 수 있는 수요를 말합니다.

기업들이 이윤추구를 위해 일방적으로 생산한 물건들은 유효

수요가 뒷받침되지 않으면 재고로 쌓이게 되고, 재고가 많아지면 기업들은 노동자들을 해고하기 시작하죠. 해고된 노동자들의 수입이 없어지면서 유효수요는 또 다시 크게 부족하게 됩니다. 노동자들이 곧 소비자들이기도 했으니까요. 이는 고용감소와 수요부족의 악순환으로 이어져 마침내 자본주의 시스템은 붕괴하고 맙니다. 이것이 케인스학파의 이론이었습니다.

케인스의 주장에도 당시에는 정부의 개입을 생각하기가 힘들

뉴딜정책 [New Deal Policy]
뉴딜은 트럼프의 카드를 새로 나누어 준다는 뜻으로, 뉴딜정책이란 1933년에 미국의 대통령 루스벨트가 경제 공황에 대처하기 위해 시행한 경제정책을 말합니다.

었습니다. 그러나 1932년, 미국 대통령으로 당선된 루스벨트는 케인스의 이론을 받아들여 정부의 적극적인 시장 개입과 재정지출의 확대 등을 중심으로 하는 14개의 뉴딜정책을 추진하기에 이르렀습니다.

 그러자 늪에 빠졌던 미국 경제는 서서히 회복되기 시작했어요. 그러던 중에 제2차 세계대전이 발발하자 엄청난 전쟁수요를 유발하였고, 이에 힘입은 미국 경제는 언제 그랬냐는 듯이 말끔히 회복되어 다시 세계 경제를 주도하게 되었습니다.

다시
정부는 간섭하지 마라,
신자유주의

1930년대 미국의 대공황은 국가의 적극적인 개입과 제2차 세계대전의 발발로 종료되었어요. 미국 경제의 부활에는 국가의 개입도 있었지만 제2차 세계대전의 영향이 컸습니다. 케인스 이론에 의하면 전쟁도 수요의 창출이 됩니다. 미국을 제국주의라고 비난하는 것도 이런 맥락에서 보아야 할 것입니다.

제2차 세계대전 이후의 세계 경제는 케인스의 가르침을 충실하게 받아들여 경제문제에 국가가 적극적으로 개입하는 수정자본주의 형태로 운영되었습니다. 국가의 개입이란 공공사업이나 복지 분야에 개입하여 수요를 창출하는 것을 포함합니다. 그러기 위해서는 더 많은 세금을 거두어야 했죠.

1970년대에 이르자 서구 각국은 공통적으로 높은 실업률과 인플레이션, 경기침체에 시달리기 시작했습니다. 그리고 그 원인으로 정부의 지나친 간섭이 지적되었습니다. 정부의 간섭이 지나쳐서 자원 배분이 왜곡되고 시장의 효율성이 떨어졌다는 것이었죠.

그리고 이것을 해결하기 위해서는 정부의 간섭이 아니라, 더욱 완전한 자유시장으로 돌아가야 한다는 의견이 제기되었습니다. 이것이 신자유주의입니다.

이러한 배경에서 미국, 영국 등을 중심으로 한 국가들은 국가의 개입을 줄이고, 지나친 복지정책도 줄이게 되었습니다. 그리고 노동시장의 유연성을 확보하는 동시에 국가 간의 자유로운 자본의 이동을 보장하여 새로운 성장 동력을 찾고자 노력하였습니다.

신자유주의자들은 국가가 합리적이고도 공정하게 시장의 질서를 관리하는 정도의 개입은 인정했기 때문에 19세기의 완전한 자유방임주의와는 다소 차이를 보이지만, 그 본질은 자유주의 시장경제를 더욱 강화하자는 것이었습니다. 한마디로 정부는 정치적인 논리로 경제에 간섭하지 말라는 것이죠.

이런 맥락에서 1990년대 초반 미국 정부와 IMF, 세계은행 관계자들은 금융시장 개방과 자유무역, 노동시장규제 완화, 공기업 개혁, 세율인하, 수입 개방 등 상품, 자본, 노동의 자유를 확대하고 국가의 역할을 축소하자는 내용의 합의서를 채택하기에 이르렀습니다.

> **누진세율** [累進稅率]
> 세금을 매기는 대상의 수량이나 가격이 증가할수록 점차 증가하도록 정한 세율을 말합니다. 누진세율이 적용되는 대상에는 소득세, 상속세 등이 있습니다.

신자유주의는 분배보다는 성장에 무게를 두고 있습니다. 그러기 위해 그들은 각국이 누진세율을 완화하고, 이자율 결정을 시장의 자율에 맡기고, 경쟁 환율을 도입하고, 수입을 자유화하고, 국가가 소유한 기업은 과감히 민간인들에게 돌려주고, 각종 규제를 완화하고, 외국 기업의 시장 진입이나 경쟁을 제한하는 규제를 철폐하고, 금융기관에 대한 감독을 투명하게 하고, 지적재산권을 철저히 보장할 것 등을 주장하고 있습니다.

아라비아 부자 이야기
백만장자들의 습관
눈사람 법칙
타임지가 가르쳐주는 부자가 되는 비법
부자와 친구가 되자!
부자가 되려면 복리를 알아야 해요!
세계의 슈퍼 파워, 유대인
눈물 젖은 유대인의 수난사
유대인 교육의 핵심은 질문!
큰 승부를 위해서는 때를 기다려야 해요!

부자들만 아는 '부자 되는 이야기'

아라비아 부자 이야기

옛날 아라비아에 큰 부자가 살았습니다. 한 젊은이가 그를 찾아와 부자가 되는 방법을 가르쳐달라고 부탁을 했습니다. 젊은이가 자리에 앉자 부자는 석유 등잔의 불을 껐습니다.

"이야기를 하는 동안에는 등잔불이 필요 없겠지?"

그러자 젊은이는 자리에서 벌떡 일어섰습니다.

"큰 가르침 감사드립니다."

젊은이는 부자에게 넙죽 절을 했습니다.

이것은 아라비안 나이트에 나오는 이야기입니다. 부자가 되는 첫걸음이 절약이라는 것을 가르쳐주기 위한 이야기이죠. 이 이야기에서도 알 수 있듯이 부자가 되는 비결의 제1조는 '절약과 저축'입니다.

부자학을 연구하는 사람들에 의하면 부자는 수입이 많은 사람보다 지출이 적은 사람 중에서 훨씬 더 많이 나온다고 합니다.

우리나라 제일의 부자였던 정주영 회장이 돌아가신 다음에 그의 방에서는 생산이 중단된 지 오래인 17인치짜리 금성 텔레비전이 나왔습니다. 그리고 현대사옥 앞에 있는 구두 수선 가게는 정주영 회장의 단골집이었다고 합니다. 그는 신발의 가죽이 떨어지지 않는 한 밑창을 갈고 또 갈아 신었습니다.

인내에는 두 가지가 있습니다. 하나는 춥고 배고플 때의 인내입니다. 물론 추위와 배고픔을 참는 것도 무척 어려운 일이죠. 그러나 그보다 더 어려운 일은 따뜻하고 배부를 때의 인내라고 합니다.

정주영 회장처럼 많은 재산을 가지고도 근검, 절약을 실천한다는 것은 물질에 의한 정신적인 나태함을 경계하는 것입니다. 정주영 회장은 춥고 배고플 때의 인내보다 훨씬 더 어려운 일을 실천한 인물이었어요.

세계의 부를 쥐락펴락하는 유대인 속담 중에는 "오늘 쓸 것은 내일로 미루고 내일 할 일은 오늘로 앞당겨서 하면 누구나 부자가 된다."는 문구가 있습니다. 그리고 법정 스님의 《무소유》에는 "무소유란 아무것도 갖지 않는 것이 아니라 불필요한 것을 갖지 않는 것이다."라는 말이 나옵니다.

절약도 마찬가지입니다. 절약이란 무조건 돈을 쓰지 않는 것이 아니라 불필요한 지출을 하지 않는 것입니다. 격에 맞는 지출을 하라는 의미이죠.

콩나물 가게에서는 인색하게 몇백 원을 깎으려고 하면서 유명 브랜드의 의류를 신용카드로 구입하는 어리석음을 범하지 말라는 것입니다.

부자가 되기 위해서는 자신의 수입 범위 내에서 지출에 대한 원칙과 철학을 가지고 합리적인 지출을 해야 할 것입니다.

백만장자들의 습관

어느 강연회에서 강사로부터 들은 이야기입니다. 그는 대중목욕탕에서 수건을 몇 장이나 사용하는지를 보면 그 사람이 부자인지 아닌지를 알 수 있다고 했습니다.

수건 한 장으로 목욕을 마치는 사람들은 부자일 가능성이 높은 반면 내 물건이 아니라고 대여섯 장씩 쓰는 사람들은 대부분 부자가 아니었다고 합니다. 남의 물건을 아끼지 않는 사람이 자신의 물건을 아낄 리 없다는 논리였죠.

큰 부자일수록 검소한 생활을 하는 경우가 많습니다. 이런 부자들의 검소함은 인색한 것과는 다릅니다. 검소한 부자일수록 사회에 더 많은 기부를 합니다. 예를 들면 세계 1, 2위의 부자인 빌 게이츠와 워렌 버핏은 검소한 생활을 하면서도 재산의 대부분을 사회에 기부한 사람들이죠.

휴대폰 회사를 창업해서 2조 원이 넘는 재산을 보유한 존 코드웰은 집에서 이발을 하고 14마일을 자전거를 타고 출퇴근한다고 해요. 자전거를 타면 건강해질 뿐만 아니라 교통비를 줄일 수도 있죠. 그는 옷도 명품점이 아니라 중저가 매장인 막스&스펜서에서 구입한다고 합니다.

스탠퍼드대 교수인 데이비드 셰리턴 역시 구글의 창업에 참여하면서 10억 달러가 넘는 재산을 보유한 부자이지만 집에서 이발을 하고, 자전거를 타고 다니며, 꼭 필요할 때만 오래된 폭스바겐이나 혼다 자동차를 탄다고 합니다.

스웨덴 가구업체 이케아의 설립자인 잉그바르 캄프라드도 자산이 330억 달러나 되지만 15년 된 볼보 자동차를 몰고 다닌다고 합니다. 164억 달러를 갖고 있는 월마트의 상속자 짐 월튼도 구식 픽업트럭을 몰고 다니고요.

현재 세계 제일의 부자는 멕시코의 카를로스 슬림입니다. 한때 세계 1, 2위의 부자였던 빌 게이츠나 워렌 버핏은 재산의 대부분을 재단에 기부했기 때문에 부자의 순위가 바뀌었습니다.

카를로스 슬림은 서른 살 때 구입한 낡은 집에서 40년째 살고 있습니다. 워렌 버핏 역시 50년 전에 구입한 낡은 집에서 살고 있죠. 이렇게 검소한 버핏을 사람들은 오마하의 현자라고 부릅니다.

큰 부자들은 옷차림이 검소합니다. 빌 게이츠가 귀한 손님을 만날 때를 제외하고는 청바지 차림으로 출근한다는 이야기는 유명하죠. 마이크로소프트 창업 초기에는 사무실에서 밤새워 일하다가 소파에서 담요 한 장 걸치고 새우잠을 자는 경우가 태반이었다고 합니다.

세계적인 가구업체인 이케아 그룹의 창업주 잉그바르 캄프라드는 청바지와 스웨터를 고집합니다.

　워렌 버핏은 명품에 대해 "사람들이 그런 귀찮은 물건을 왜 좋아하는지 모르겠다."며 자신은 명품이라고는 하나도 가진 게 없다고 말합니다.

눈사람 법칙

겨울에 눈사람을 만들어본 적이 있나요? 시골 아이들과는 달리 도시 아이들은 눈사람을 만들어볼 기회가 별로 없을 거예요. 돈이 불어나는 이치를 가장 쉽게 설명할 수 있는 것이 눈사람 만들기입니다.

전설적인 주식투자가 워렌 버핏이 얼마 전 자신의 투자 경험담을 담은 책을 냈는데, 그 책의 제목이 《Snowball》이었습니다. 눈뭉치, 눈덩이라는 의미이죠.

눈사람을 만들기 위해서는 우선 조그만 눈덩이를 뭉쳐야 합니다. 눈을 배구공이나 축구공 정도의 크기로 뭉친 다음, 눈덩이를 눈밭에 굴리면 눈덩이는 금세 커다랗게 불어납니다. 돈을 버는 이치도 마찬가지입니다.

처음에 눈덩이를 만들 때는 가능하면 촉촉하게 젖은 눈이 좋습니다. 약간 젖어 있어야 접착력이 강하기 때문이죠. 이렇게 촉촉한 눈을 모아서 축구공만 하게 뭉칩니다. 이것이 종잣돈입니다. 그렇게 해서 일단 눈덩이가 만들어지면 높은 곳으로 올라가서 눈덩이를 아래로 굴리기만 하면 됩니다. 눈덩이가 순식간에 커다랗게 불어나듯 종잣돈도 복리로 불어나게 됩니다.

"복리는 언덕에서 눈덩이Snowball를 굴리는 것과 같다. 작은 덩어리로 시작해서 눈덩이를 굴리다 보면 끝에 가서는 정말 큰 눈덩이가 된다. 나는 14세 때 신문 배달을 하면서 작은 눈덩이를 처음 만들었고, 그후 56년간 언덕에서 그것을 조심스럽게 굴려왔을 뿐이다."

아래로 내려갈수록 눈덩이는 몸집이 커집니다. 나중에는 거대한 눈덩이로 변하죠. 워렌 버핏은 자신의 주식투자가 바로 그러했다고 말합니다.

워렌 버핏은 1956년 26세의 나이에 자신의 100달러와 고향 오마하의 유지들로부터 지원받은 돈을 합한 총 10만 5천 달러의 종잣돈을 만들었습니다. 그것으로 설립한 투자회사가 바로 버핏 어소시에이츠입니다. 그는 이 투자회사로 40년 동안 연 25%라는 전설적인 투자수익을 거두어 빌 게이츠에 이어 세계 2위의 부자가 되었습니다.

처음 축구공 크기의 눈덩이를 만들기 위해서는 일일이 손으로 뭉쳐야 합니다. 차가운 눈을 만지려면 손도 시리고 처음에는 잘 뭉쳐지지도 않지만, 인내를 가지고 손을 호호 불면서 축구공 크기가 될 때까지 눈덩이를 직접 만들어야 합니다. 종잣돈 만들기가 그리 쉽지만은 않습니다.

투자가 중에는 종잣돈을 쉽게 만들겠다는 유혹에서 남의 돈으로 주식투자를 시작하는 사람들이 제법 많습니다. 그러나 그럴 경우는 대부분 실패합니다. 자신의 노력으로 시린 눈을 녹여가면서 만든 종잣돈이어야 그 소중함을 알기 때문에 섣부른 투자를 하지 않고 신중하게 결정하게 됩니다. 그래서 실패할 가능성이 작아지는 것입니다.

타임지가 가르쳐주는 부자가 되는 비법

미국의 시사주간지 〈타임〉이 연령대별 자녀의 재정교육 특집을 실었습니다. 2010년 9월호에 실린 기사는 9세부터 경제교육을 시키고 23세에 독립을 시키라는 내용이었는데요. 우리나라와는 달리 미국의 큰 부자들은 부모의 유산을 물려받기보다는 경제와 돈에 대한 정신을 유산으로 받는 경우가 대부분이라고 합니다.

〈타임〉에 소개된 내용을 잠시 살펴볼까요?

9세 : 9세가 되면 예금통장을 만들어주고 용돈은 주 단위로 주되, 한 주일에 나이의 절반 정도만 준다. 아이가 열 살이라면 5달러의 용돈을 주 단위로 주는 것이다. 우리 돈으로는 5, 6천 원 정도이다. 그 중 60%는 일상적인 지출에, 나머지 30%는 갖고 싶은 물건을 구입하는 용도로 저축을 시켜라. 그리고 나머지 10%는 헌금이나 기부를 하게 하라. 이 나이에 한 달 단위로 용돈을 주면 관리를 하지 못한다.

13세 : 돈쓰는 습관을 가르쳐라. 용돈의 액수도 늘리고 아이의 재량권도 넓혀 준다. 자신의 계획으로 돈을 쓰는 방법을 가르쳐야 한다. 신용카드 시스템, 이자, 주식에 대한 기초 개념을 가르치고, 돈은 땀의 대가라는 것을 가르쳐라.

18세 : 스스로 독립적인 재정 계획을 수립할 때다. 장기적인 미래의 목표를 위해 현재의 욕구를 참고 극복하는 방법을 가르쳐라. 용돈을 주는 단위를 한 달 혹은 그 이상으로 늘려서 스스로 계획을 세우고 돈을 관리하는 방법을 가르쳐라. 방학에 아르바이트를 하게 하여 돈을 버는 것이 얼마나 어려운가를 스스로 깨닫게 하라. 힘들게 번 돈을 함부로 써서는 안 된다는 것을 온몸으로 깨우쳐야 한다.

23세 : 재테크의 종류와 방법을 가르치고 종류별 수익률의 개념을 가르쳐라. 자신의 이름으로 신용카드를 만들게 하고 독립할 준비를 시켜라. 그리고 스스로 인생설계를 하게 하라. 외국의 명문가에서는 이 시기에 독립자금을 자녀에게 나누어주어 독립시키는 경우가 많다.

미국 최초의 억만장자 폴 게티는 아버지가 석유사업을 해서 큰돈을 벌었지만 아버지로부터 받은 독립자금은 유산의 $\frac{1}{20}$로 1,000만 달러 중 50만 달러뿐이었습니다. 우리 돈으로 환산하면 6억 원 정도의 금액입니다.

그러나 실제로 그는 더 많은 것을 물려받았습니다. 바로 어렸을 때부터 몸에 밴 절약과 저축, 그리고 투자의 습관이었습니다. 그는 '돈은 땀의 대가'라는 귀중한 유산을 물려받아 미국 최초의 억만장자가 되었습니다.

부자와 친구가 되자!

우리나라 어느 여대에 부자학과가 개설되어 화제가 된 적이 있습니다. 이 학과는 점수가 안 나오기로 유명한데, A학점을 받으려면 반드시 유명한 부자를 직접 만나 그에게 부자가 된 비결을 꼬치꼬치 캐묻고 이를 생생하게 리포트로 작성해야 합니다. 대충 이 사람 저 사람에게서 주워들은 이야기를 써내서는 A학점이 나오지 않는다고 하네요.

아마도 부자학과의 학생들은 리포트를 쓰는 데 어려움이 많았을 것입니다. 부자들은 자신만의 부자되는 법칙을 명확하게 알고 있을 것 같지만 실제로는 그 방법을 부자 자신도 잘 모르는 경우가 많다는 것이에요. '나는 이렇게, 저렇게 부자가 되었다'는 이야기를 쉽게 하는 사람은 진정한 부자가 아니라는 것이죠. 부자가 된 이들 중에는 정주영 회장처럼 눈앞에 닥친 일에 최선을 다했더니 부자가 된 경우도 있습니다.

그래서 진짜 부자가 되는 노하우를 배우려면 부자와 친구가 되라고 합니다. 부자들과 친구가 되어 어울리다 보면 그들의 말이 아니라, 그들의 행동과 습관에서 부자가 되는 비법을 배울 수 있다는 것이에요. 그렇게 해서 자연스럽게 그들의 노하우를 배우게 되는 거죠.

2010년 6월, 세계적인 투자가 워렌 버핏과의 점심식사가 온라인 경매 사이트인 이베이에서 경매에 붙여져 사상 최고가인 263만 달러에 낙찰되었습니다. 우리 돈으로는 약 33억 원에 이릅니다.

낙찰자는 최대 7명의 지인을 동반해 뉴욕의 스테이크 전문점 '스미스 앤 월런스키'에서 버핏 회장과 함께 점심식사를 하게 됩니다. 부자의 지혜를 배우기 위해 워렌 버핏을 만나는 것이죠. 낙찰자는 이 자리에서 버핏 회장과 다양한 주제를 놓고 대화를 나눈다고 합니다.

여기에서 생긴 수익금은 빈민구호활동을 하는 글라이드 재단에 기부합니다. 버핏은 작고한 부인 수전의 소개로 글라이드 재단과 인연을 맺으면서 2000년부터 '버핏과의 점심식사' 이벤트를 해오고 있습니다.

《부자가 되려면 부자에게 점심을 사라》는 책으로 유명해진 일본 작가 혼다 겐은 우리나라에서 상연을 통해 부자들에게서 배울 것은 지식이 아니라 '지혜'라고 말합니다. 그들의 지혜를 배우기 위해서는 그들과 가까이 있어야 한다는 것입니다. 그는 새벽 1시, 2시에도 거리낌 없이 전화를 해서 도움을 받을 수 있을 정도의 부자를 주위에 두라고 말합니다.

그는 또 부자가 되는 비결로 자신이 좋아하고 그것으로 남을 기쁘게 해줄 수 있는 일을 찾으면 누구나 부자가 될 수 있다고 말합니다. 그리고 가정에 충실하라고 말하고 있습니다. 그는 미국의 이혼율이 50%에 이르지만 미국 백만장자들의 이혼율은 2%에 불과하다며 가정의 중요성을 역설했습니다.

부자가 되려면
복리를 알아야 해요!

큰 부자가 되려면 반드시 알아야 하는 것이 복리의 개념입니다. 복리를 모르면 작은 부자는 될지 몰라도 큰 부자는 될 수 없습니다. 이자에는 단리와 복리, 두 가지 종류가 있습니다. 단리는 원금에만 이자가 붙는 방식이고 복리는 이자에도 다시 이자가 붙는 방식이죠.

 나무를 심었을 때, 원래 있던 줄기에서만 가지가 뻗는 경우가 단리라면 원래 있던 줄기에서도 가지가 뻗고 새로 나온 줄기에서도 다시 가지가 뻗는 경우는 복리에 해당됩니다. 예를 들어

1, 2, 3, 4, 5로 뻗어나는 것이 단리의 방식이라면 1, 2, 4, 8, 10으로 뻗어나는 것은 복리입니다.

사회현상으로 보면 유행이 전형적인 복리에 해당됩니다. 용기 있는 한 여성이 처음으로 미니스커트를 입었다고 생각해봅시다. 얼마의 시차를 두고 다른 여성 한 명이 다시 미니스커트를 입습니다. 세 번째까지는 한 사람씩 따라 하지만 어느 정도 시간이 지나면 너도나도 미니스커트를 입게 되고 마침내 미니스커트는 거대한 유행의 물결이 됩니다.

이처럼 단리와 복리는 처음에는 별 차이가 나지 않지만 이자율이 높을수록, 기간이 길수록 그 차이는 커집니다.

이자율이 10%라고 할 때 단리는 10년이 지나야 2배가 되지만 복리는 7년이면 2배, 10년이면 2.6배로 늘어납니다. 그리하여 30년이면 단리는 3배가 되지만 복리는 6.7배로 불어나게 됩니다.

지금은 저금리 시대입니다. 2010년을 기준으로 은행 금리가 2.25%에 묶이자 사람들은 은행에 있던 자금들을 빼내기 시작했습니다. 그러자 빠져나가는 자금을 막기 위해 혹은 새로운 예금을 유치하기 위해 IMF 이후 사라졌던 복리상품들이 경쟁적으로 등장하기 시작했죠. 잘 찾아보면 은행마다 1, 2개 정도의 복리상품이 있습니다.

한 가지 유념할 것은 금융상품에만 복리가 있는 것은 아니라는 것입니다.

기업이나 주식도 모두 복리의 개념이에요. 자본금 1억 원으로 기업을 시작하여 연 10%의 이익을 올린다고 생각해봅시다. 그 이익금을 다시 투자금에 합산해 나갈 경우 10년이면 2.6배, 20년이면 6.7배로 불어나겠죠.

주식도 마찬가지입니다. 100만 원으로 주식을 시작하여 매월 5%의 수익을 얻는다면, 복리를 고려해서 그 수익금을 다시 투자금에 합산해나가면 1년 후에는 179만 원, 2년 후에는 322만

원, 3년 후에는 579만 원이 됩니다. 복리는 가속도의 법칙과 같습니다.

　따라서 복리에 대한 투자는 장기적인 안목으로 접근해야 합니다. 종잣돈 마련이나 노후를 위한 투자 등 장기적인 안목으로 복리상품에 접근하면 큰 성과를 낼 수 있을 것입니다.

세계의 슈퍼 파워, 유대인

마이크로소프트의 회장 빌 게이츠, 천재 물리학자 아인슈타인, 투자의 귀재 조지 소로스, 언론재벌 머독, 영화감독 스티븐 스필버그……. 이들의 공통점은 무엇일까요? 그것은 바로 이들이 모두 유대인이라는 점입니다.

유대인 인구는 1,300만 정도로 세계 인구의 0.2%입니다. 하지만 이들은 노벨상 수상자의 30%를 차지하고 있습니다. 노벨 경제학상만 보면 60%가 유대인들의 몫입니다. 그만큼 유대인들의 돈과 경제에 대한 안목이 뛰어나다는 의미지요.

이들은 미국 인구의 3% 정도지만 경제는 물론 정치, 언론, 학계를 거의 장악하고 있습니다. 록펠러, JP 모건, 듀폰, 로열 더치, GE, GM, ATT, IBM, US 스틸, 리바이스 청바지, 스타벅스 커피, 던킨 도너츠, 맥도날드, 쉘 석유회사 등이 유대인들의 몫이며 〈포춘〉 신징 100대 기업의 $\frac{1}{3}$ 성도가 유대인 자본입니다. 미국의 양대 신문인 뉴욕타임스, 워싱턴포스트도 유대인 소유이고 NBC, CBS, ABC 등 3대 네트워크 역시 유대인 소유입니다.

유대인들의 활약상은 여기서 그치지 않습니다. 미국, 아니 세계 경제의 중심지인 월가를 실질적으로 움직이는 것도 유대인들입니다. 제1, 2차 세계대전을 전후하여 미국으로 건너간 유대인들의 정착지가 바로 월가였습니다. 그들이 도착했을 당시 이곳은 열악한 환경이라 강물이 범람하는 곳이었어요. 이들은 강물이 범람하는 것을 막기 위해 옹벽wall을 쌓았는데 '월가Wall Street'라는 이름은 거기서 비롯되었습니다.

또한 미국의 중앙은행 우리나라의 한국은행에 해당도 유대인의 자본으로 움직입니다. 영국에서 천문학적으로 돈을 번 독일 출신의 유대인 로스차일드가 미국 정부로부터 화폐 발행권을 얻어 설립한 은행이 바로 중앙은행격인 연방준비은행입니다. 여기에는 록펠러, 골드만 삭스, 리먼 그리고 유럽의 와벅, 라자드, 쿤롭, 시프 등의 유대인 가문들이 주주로 참여하고 있습니다.

금융자본주의 국가인 미국에서 그 금융의 본거지인 월가와 중앙은행을 장악하고 있는 유대인, 그러면 미국을 실질적으로 움직이고 있는 것은 유대인들이 됩니다. 미국에서 유대인들의 자본이 빠져나가면 미국은 껍데기만 남는다는 이야기가 들릴 정도입니다.

워싱턴에는 이스라엘 홍보위원회 AIPAC, 유대인 위원회 AJC, 유대인회의 등 3개의 유대인 로비단체가 있습니다. 이들은 미국 정치인들의 선거자금 모금을 좌지우지하기에 상하원 의원들은 물론 대통령도 유대인들의 눈치를 봐야 하는 것이 지금의 미국입니다.

눈물 젖은 유대인의 수난사

유대인들의 성공을 이해하기 위해서는 이들의 수난사를 알아야 합니다. 이들이 특별히 뛰어난 민족이거나 두뇌가 우수한 것은 아니에요. 2천 년 동안 박해를 받으면서 생존을 위해 처절하게 노력한 결과일 뿐입니다.

유대인들은 세계에서 가장 혹독한 박해를 받았습니다. AD 70년, 로마에 의해 나라가 망했을 때 100만 명의 유대인들이 죽었고 나머지는 노예로 끌려갔습니다. 이때부터 유대인들은 유럽 천지를 떠돌면서 박해를 받았습니다.

나라 없이 떠돌아다닌 민족 중에 유독 유대인들이 심하게 박해를 받은 것은 예수를 인정하지 않는 그들의 유대교 신앙 때문이었습니다. 기독교가 지배하던 중세 유럽에서 유대인들은 예수를 죽인 민족으로 낙인찍혀 더욱 혹독한 시련을 겪었습니다.

가톨릭과 그리스, 러시아 정교회 등 기독교 정통세력이 강한 곳일수록 수난이 많았습니다. 종교개혁을 했던 마틴 루터조차도 유대교 회당과 학교를 불사르고, 유대인들의 집을 허물고, 재산을 빼앗아야 한다고 말할 정도였으니까요.

중세 유럽에서 마녀사냥의 대상이 되었던 것도 주로 유대인들이었습니다. 대규모 사상자를 낸 흑사병이 돌자 이들이 우물에 독을 넣었다는 혐의를 씌워 무수히 많은 유대인을 잡아 죽였습니다. 제2차 세계대전 당시에는 독일의 히틀러에 의해 600만 명의 유대인들이 독가스실에서 죽어 나갔죠.

그들에게는 주거의 자유도, 직업 선택의 자유도 없었습니다. 유대인 거주 지역은 대부분 외곽 지역에 격리되었죠. 지금 미국의 흑인 거주 지역을 가리키는 게토Getto도 원래는 유대인 집단의 거주 지역을 가리키는 말이었습니다.

그들이 할 수 있는 것은 고리대금업과

> **마녀사냥**
> 14세기에서 17세기에 유럽의 여러 나라에서 기독교가 아닌 사람들을 마녀로 판결하여 화형에 처했던 일을 말합니다. 특정 사람에게 죄를 뒤집어씌우는 것을 비유적으로 이르기도 합니다.

> **탈무드** [Talmud]
> 유대인 율법학자들이 사회에서 관찰할 수 있는 사물과 현상에 대한 모든 구전과 해설을 모아 하나의 체계로 이루어 완성한 책입니다.

상업뿐이었습니다. 그래서 그들은 악착같이 돈을 벌었습니다. 그리고 이런 그들의 과거는 유대인들의 독특한 금전철학을 낳았습니다. 유대인들이 금과옥조로 여기는 교훈 중에 '체다카Tzedakah'라는 것이 있습니다. 체다카는 '정의'라는 의미입니다. 그들에게 정의란 돈을 벌어 의로운 곳에 쓰는 것이었습니다.

유대인들의 지혜서인 탈무드에 가장 많이 나오는 이야기는 돈에 관한 이야기입니다. 그 중에서도 그들의 금전철학을 압축한 한마디는 '돈은 곧 기회'라는 말이에요. 돈만 있으면 불가능한 일도 가능하다는 것이 그들의 신념이었습니다.

세계의 거의 모든 종교가 돈을 경계하고 있지만 유대교에서는 돈을 선한 것, 좋은 것, 하나님의 축복이라고 가르칩니다. 이러한 가르침이 그들의 수난사를 통해 그들만의 독특한 금전철학을 만든 것입니다.

유대인 교육의 핵심은 질문!

세계에서 가장 머리가 좋다고 평가되는 민족이 유대인과 한국인입니다. 그러나 자녀를 교육시키는 방법은 정반대라고 합니다. 한국 아이들은 암기하는 법을 배우고 유대 아이들은 생각하는 법을 배웁니다. 그 차이는 노벨상에서 나타나죠. 유대인들은 노벨상의 30%를 차지하고 있지만 한국에서는 아직 노벨 과학상 수상자가 나오지 않았습니다.

 암기란 다른 사람의 지식을 배우는 것에 그칠 뿐, 새로운 것을 만들어내는 능력으로 연결되지는 않습니다. 암기 위주의 교육으로는 창의적인 것을 요구하는 노벨상 수상자가 나올 수 없죠. 21세기에 진정으로 필요한 것은 새로운 것을 만들어내는 창의적인 능력입니다.

한국에서는 초등학교 2, 3학년이면 구구단을 배웁니다. 아니, 요즘엔 조기교육의 영향으로 초등학교에 들어가기도 전에 배우죠. 그러나 이스라엘 학교에서는 구구단을 가르치지 않습니다. 아이가 구구단의 이치를 생각할 기회를 주기 위해서입니다.

유대인 교육의 다음 핵심은 질문입니다. 학교에서 돌아오면 한국의 엄마들은 "선생님 말씀 잘 들었느냐?"고 묻지만 유대인 엄마들은 "오늘은 무슨 질문을 했느냐?"고 묻습니다.

그래서 유대인 학교에서는 질문이 끊이지 않습니다. 일방적인 교사의 가르침은 기억의 영역에 저장되지만 질문을 통해 배운 것은 이해의 영역에 저장됩니다. 기억력은 사람에 따라 차이가 있지만 이틀이 지나면 66%, 1개월이 지나면 79%를 잊어버리게 됩니다. 나머지 21% 정도를 뇌에 저장하는 거죠. 그러나 한 번 이해한 내용은 죽을 때까지 잊히지 않는다고 하니 매우 큰 차이라고 볼 수 있죠.

유대인 교육의 다음 핵심은 무엇이든 남과 다르게 하라고 가르치는 것입니다. 유대인 엄마들은 아이가 전 과목에서 1등 하는 것을 달가워하지 않습니다. 그런 아이는 나중에 아무 짝에도 쓸모없게 된다고 생각하기 때문이죠.

남과 다르게 한다는 것은 곧 새로운 영역을 개척한다는 의미입니다. 남과 다르게 한다는 것은 유대인들의 생존 방식이기도 했죠. 직업 선택의 자유가 없었던 이들은 고리대금업이 아니면 장사밖에 할 것이 없었어요. 장사도 그중에서 잘되는 아이템이나 인기 있는 업종은 현지인들에게 양보를 해야 했죠.

그들이 할 수 있는 업종은 힘들고 험한 일이거나 아니면 아무도 시도하지 않는 모험적인 일뿐이었습니다. 요즘의 용어로 표현하면 벤처기업이었던 셈이죠. 거꾸로 생각해보면 유대인들이 진출해서 큰 성공을 거둔 신문, 방송, IT 등이 당시로서는 모두 벤처기업이었다는 사실을 알 수 있습니다.

큰 승부를 위해서는 때를 기다려야 해요!

모든 것에는 때가 있습니다. 보통 사람의 일생에는 세 번 정도의 기회가 있다고 합니다. 유대인들은 그것을 놓치지 말고 한판의 승부를 걸라고 가르칩니다.

세계적인 금융가 로스차일드의 사례를 살펴봅시다. 로스차일드는 독일에서 태어난 유대인이었어요. 1815년, 엘바 섬으로 유배되었던 나폴레옹이 섬을 탈출하여 파리로 입성했고, 다시 프랑스의 황제가 되었습니다. 권좌에 오른 나폴레옹은 유럽의 패권을 놓고 영국의 웰링턴과 최후의 일전을 준비했습니다. 나폴레옹으로서는 군사나 무기 등 모든 면에서 무모한 전쟁이었죠. 그러나 빠른 기동력을 앞세워 대부분의 전쟁을 승리로 이끈 나폴레옹이었기에 아무도 이 싸움의 결과를 장담할 수 없었습니다.

하지만 전쟁의 준비과정을 유심히 지켜보던 로스차일드는 나폴레옹이 절대로 이길 수 없다는 확신을 갖기에 이르렀어요. 그는 일생일대의 승부를 걸기로 결심했습니다. 그는 영국군의 승리를 좀 더 확실하게 하기 위해 프로이센에 거액의 융자를 해주겠다는 조건으로 프로이센 군대를 끌어들였습니다.

다음에 그가 한 일은 전투의 결과를 알리는 전령을 자기편으로 꾀는 일이었습니다. 당시는 전령이 비둘기를 이용하여 승전보를 알리던 때였어요. 도버 해협을 사이에 두고 흰 비둘기를 날리면 승리, 검은 비둘기를 날리면 패배를 의미했죠.

로스차일드는 전령에게 접근하여 거짓 정보를 흘려주면 자손 대대로 먹고 살 수 있을 정도의 엄청난 금액을 주겠다고 제의했습니다.

전쟁은 예상대로 웰링턴의 승리였어요. 그러나 전령은 검은 비둘기를 날렸습니다. 그러자 승전보를 기대하고 있던 영국은 공황상태에 빠져 들었고, 런던 주식시장의 주식들은 휴짓조각이 되고 말았습니다.

로스차일드 가문

[Rothschild Family]

독일-유대계 혈통의 국제적 금융 재정 가문을 말합니다. 로스차일드 가문은 워털루 전투로 상당한 부를 쌓으며 발전했는데요, 세계 금융계뿐만 아니라 산업계도 지배하기에 이르렀습니다. 로트실트 가문이라고도 부르며 오스트리아와 영국 정부로부터 귀족 작위를 받았습니다.

오후가 되자, 로스차일드는 아무것도 모르는 척 객장을 어슬렁거리면서 주식을 사 모으기 시작했습니다. 당시 단돈 몇 푼에라도 주식을 팔려는 사람들이 줄을 서 있던 터라 그는 불과 반나절 동안에 런던 주식의 60%를 사들였습니다.

그러나 다음날이 밝자 세상은 다시 한 번 발칵 뒤집어졌습니다. 승전보가 날아온 것입니다. 그러자 주식은 다시 하늘 높은 줄 모르고 치솟았습니다. 그것으로 로스차일드는 단 하루 만에 세계 최고의 부자가 되는 기록을 세웠습니다.

그렇게 번 돈으로 그는 영국의 청교도 혁명 때 반 왕당파에게 전쟁자금을 지원했고 그 대가로 영국의 화폐 발행권을 취득했습니다. 그가 화폐 발행권을 장악함으로써 유대인들은 근대에 이르기까지 영국 의회를 장악했으며 그 돈으로 세운 은행이 JP모건 은행, HSBC, 도이체 방크 등이었습니다. 또한 미국의 중앙은행의 최대 주주도 로스차일드 가문입니다.

쉽게 찾아보세요

ㄱ

가격경제학 96
가우스이론 110
거시경제학 96
건원중보 43
경제재 54
경제행위 55
고전학파 164, 168
골드러시 93
공급 61, 96
공급독점 108
공신력 18
과점 108
국민소득 139
국부론 160, 165
국영상점 21
국제수지 97
국제통화기금 24
국제표준 147
균형 성장론 101
근린궁핍화정책 159
글로벌 스탠더드 147
금속화폐 22
금지금본위제 22
금태환제도 23
금화본위제도 22
기념주화 46
기업경제학 96
기회비용 58, 75

ㄴ

나비 효과 92
내수산업 101
네트워크 효과 68
노동가치설 173
노동력 66
농업혁명 63
누진세율 187
눈사람 법칙 197
뉴딜정책 184

ㄷ

단리 208
대공황 98, 106, 171, 180
대외의존도 127
독과점 금지법 109
독과점시장 108
동국중보 44
디플레이션 106, 114

ㄹ

레비스트로스 14
레이더 노트 47
로스차일드 43, 220
로잔학파 175
르네상스 88
리카도 124, 167

ㅁ

마녀사냥 215
마르크스학파 169, 173
마케팅 87, 111
만족도 70
매몰비용 77
메디치 가문 28
메디치 효과 88, 95
메커니즘 60
멜팅 포인트 36
명목화폐 17
물물교환 15
물품화폐 16
미시경제학 96

ㅂ

보이지 않는 손 62, 166
복리 198, 207
분배주의 73

불균형 성장론 101
불태환지폐 24
브레턴 우즈 체제 24
비교우위론 124, 167
비탄력적 62
빅맥지수 143

ㅅ

사회간접자본 82
사회주의 73
산업국유화 137
산업혁명 64, 72, 160, 164, 178
생산비설 176
성장주의 73
세분화 112
소득수준 141
솔리드 노트 47
수리경제학 177
수리학파 176
수요 61, 96
수요와 공급의 원리 61
수정자본주의 182, 185
수직사회 14
수확체감의 법칙 66
수확체증의 법칙 67
신고전학파 172
신라면지수 146

신자유주의 186
실크로드 122

ㅇ
아이팟지수 145
알파라이징 산업 151
애덤 스미스 55, 123, 181
에러화폐 44
역사학파 168
역설 115
우파경제학 174
유대인 211, 214, 217
유물론 169
유효수요 182
은행의 신용창조 27
인터넷 혁명 64
인프라 57, 83
인플레이션 23, 103
잉여가치설 168

ㅈ
자본주의 73
자유방임주의 186
자유재 54
자카르 직기 94
재화 70

절대군주 159
절대우위론 123, 167
절약의 역설 114
제국주의 185
좌파경제학 174
중상주의 159, 162
지역화폐 21

ㅊ
차별화 112
천공 카드 94
철기문화 12
청동기 12
최대의 효과 58
최소의 비용 58
축복화폐 17

ㅋ
카오스 이론 92
캠브리지학파 178
케인스 114, 182
코리언 스탠더드 147
탄력적 62
탈무드 216
토지 66
투입산출분석 177

ㅍ

파레토 최적 177
평등사회 14
포퓰리즘 136
플리머 노트 116
피라미드 12
핀볼 효과 92

GNI 80
GNP 78
GNP 디플레이터 81
IMF 24
SOC 83
zero 90

ㅎ

하이테크 산업 67
한계효용 균등의 법칙 71
한계효용 체감의 법칙 70
한계효용론 173
한국은행 39
함몰비용 77
해동통보 44
해양대국 33
호모사피엔스 63
혼인제도 14
환율 131, 143
환전상 27
효용 71
효용가치설 173

기타

1차 혁명 64
GDP 78

교실에서 절대 배울 수 없는
'교과서 밖, 고품격 학습교양!'

상위 1% 학생들만 즐기는
고품격 학습교양 100

이영직 지음 | 사륙판 | 372쪽 | 11,800원

Society ; 하인리히 법칙·깨진 유리창 법칙·나비 효과·마이너리티 인플런스 현상·피터의 원리·단테의 법칙·링겔만 효과와 사회적 태만·파동 이론·오컴의 면도날 법칙·도전과 응전의 법칙·1:99의 법칙·세렌디피티 법칙·탈리오의 법칙·시나리오 기법·델파이 기법……

Economy ; 후광 효과·최소량 곱셈의 법칙·250명의 법칙·게임 이론과 내쉬 균형·풍선 효과·외부 효과·마태 효과와 메칼프의 법칙·오쿤의 법칙·시그모이드 곡선 이론·파레토의 법칙·긴 꼬리의 법칙·거미집 이론·WXYZ 이론·스마일 커브의 법칙·밴드왜건 효과·란체스터의 법칙……

Science ; 자연선택의 법칙·가우스의 법칙·가이아 이론·볼테라의 법칙·베르누이의 정리·이륙-추진-균형의 법칙·퀀텀 점프 이론·형태장 이론·헨리의 법칙·케플러의 법칙·베버의 도플러 효과·최소작용의 원리·최소량의 법칙·에너지 보존의 법칙·르 샤틀리에와 에밀 렌츠의 법칙……

Mathematics ; 피보나치의 수열·알래스카와 72의 법칙·도박과 파스칼의 확률 이론·확률과 대수의 법칙·항등식 문제·피타고라스의 역설·완전수·무한등비급수·페르마의 마지막 정리·눈먼 수학자, 오일러·함수의 역사·π의 역사·리만의 가설·3대작도 불능 문제……

Psychology ; 피그말리온 효과·위약 효과·근접성 효과와 유사성의 법칙·머피의 법칙과 샐리의 법칙·정보의 제시순서 효과·반전의 법칙·원근의 법칙·1만 시간의 법칙·제로 베이스의 법칙·논리의 패러독스·질투의 법칙·마지노선의 법칙·위위구조의 법칙·기동력과 승수 효과……

"질문을 바꾸면 공부가 즐거워진다!"

유대인의 자기주도 학습 비법은
질문을 통한
'완전 학습!', '체험 학습!'

질문형?
소크라테스에서 빌 게이츠까지 '천재들의 공부 습관!'
학습법!

이영직 지음 | 신국판변형 | 240쪽 | 10,800원

질문을 통한 학습은 '자기주도 완전학습!'
몰랐던 것, 궁금해 하던 것을 가슴에 의문부호로 품고 있다가 누군가의 설명으로 알게 되면 거의 일생 동안 잊히지 않는다. 듣기만 하는 수업이 '단순 기억'의 차원이라면 질문을 통한 공부는 '이해'의 차원이기 때문이다. 그래서 질문을 통한 학습을 '자기주도의 완전학습'이라고 부른다.

질문을 통한 학습은 '체험학습!'
질문은 자전거 타기와 같다. 10시간 자전거 타기 이론을 공부하는 것보다는 1시간 동안 직접 자전거를 타 보는 것이 훨씬 더 효과적이듯이 별 다른 목적의식 없이 몇 시간 공부하는 것보다는 1시간이라도 의문을 가지고 책을 읽는 것이 훨씬 더 효과적이다. 그래서 질문을 통한 학습을 '체험학습'이라고 한다.

'머리 싸매는' 경제학은 가라,
길거리에서 건져 올린 '생활 속' 경제학!

교실 밖, 펄떡이는 경제 이야기

이영직 지음 | 4·6배판변형 | 320쪽 | 값13,500원

• • •

경제학자는 모두 돈을 벌었을까?
퇴근길 오른쪽 자리가 왜 가게의 명당일까?
은행은 왜 가장 좋은 건물 1층에 있을까?
그 많던 공중전화와 우체통은 어디로 갔을까?
아파트 가격을 국가가 왜 좌지우지할 수 없을까?

• • •

대부분의 경제학 책들이 어려운 용어와 공식, 복잡한 논리전개 위주로 쓰여 있어 우리의 흥미를 떨어뜨리고 있었던 게 사실이다. 그러나 교실 밖을 나서면 '살아서 펄떡이는' 진짜 경제학을 만날 수 있다.
《교실 밖, 펄떡이는 경제 이야기》는 우리의 일상생활 속에 놀라운 경제원리가 숨어 있음을 알려주는 책이다. 갖가지 재미있는 일화와 사례를 들어 명쾌하게 설명한다. 또한 책 속의 책 '쑥쑥 논술연습'과 만화, '아람이와 슬기의 경제데이트'가 이해를 돕고 읽는 즐거움을 더한다.

선생님, 돈이 참 재밌어요 지은이 이영직

펴낸이 **이종록** 책임편집 **박선정** 기획마케팅 **백소영** 경영지원 **이지혜** 펴낸곳 **스마트비즈니스**
등록번호 제 **313-2005-00129호** 등록일 **2005년 6월 18일**
주소 서울시 마포구 성산동 **293-1 201호**
전화 **02-336-1254** 팩스 **02-336-1257** e메일 **smartbiz@sbpub.net** ISBN **978-89-92124-81-2 13320**
초판1쇄 발행 **2011년 3월 20일**

*스마트주니어는 스마트비즈니스의 아동 브랜드입니다.